이 책은 가벼운 경건을 말하고 있는 책이 아니다. 목회자로서의 고뇌와 경험이 튼튼한 신학적 얼개 속에 녹아든 묵직한 책이며, 한 사람의 신앙인이자 목회자로서 신앙의 선배들과 대화하면서 실천적인 고민들을 신학화한 책이다. 경건에 대한 조국 교회의 이해에 끼칠 선한 영향력을 기대하며, 많은 그리스도인이 곁에 두고 정독하여 지속적으로 삶에 적용하길 권한다.

김남준(열린교회 담임목사)

마틴 로이드 존스가 영적 침체에 대하여 쓴 이후 오랫동안 우리는 이런 슬픔과 고뇌에 대한 성경적 처방의 메시지를 기다려 왔다. 로이드 존스가 지나간 시대에 이 문제에 대한 처방을 진지하게 고민하며 우리에게 한 뚜렷한 방향을 제시했다면, 존 파이퍼는 우리와 동시대를 살고 있는 설교자로서 이 시대의 언어로 우리의 문제를 진단하고 성경을 열어 그 처방을 제시하고 있다. 이 책은 당장 효과를 나타내는 마약과 같은 것이 아니라, 성경의 처방을 신실하게 적용하는 사람들이 마침내 어느 날 어둠을 지나 건강한 새벽을 맞도록 인도하는 보약과 같은 메시지를 담아내고 있다. 존 파이퍼 특유의 교리적이면서도 실제적인 역동성이 돋보이는 이 책을 우울한 밤을 지나는 성도들에게 강력히 추천한다.

이동원(지구촌교회 원로목사)

하나님은 기쁨의 근원이시며 우리가 기뻐할 때 하나님은 영광받으신다. 그래서 기독교는 기쁨의 종교이며, 그리스도인은 기쁨의 사람이다. 이에 저자는 본서에서 신앙적 싸움을 통하여 쟁취할 '기독교 희락주의'의 길을 밝힌다. 한 자도 놓칠 수 없을 만큼 소중한 이 책은 존 파이퍼의 탁월한 기쁨의 영성을 한껏 맛보게 하며, 모든 독자들을 기쁨의 샘으로 인도하는 길잡이가 될 것이다.

이성희(연동교회 담임목사)

영적 침체를 극복하라

IVP(InterVarsity Press)는
캠퍼스와 세상 속의 하나님 나라 운동을 지향하는
IVF(InterVarsity Christian Fellowship)의 출판부로서
생각하는 그리스도인을 위한 문서 운동을 실천합니다.

When the Darkness Will Not Lift

Copyright ⓒ 2006 by Desiring God Foundation
Published by Crossway Books
a division of Good News Publishers
Wheaton, Illinois 60187, U.S.A.

This edition published by arrangement
with Good News Publishers
through rMaeng2.
All rights reserved.

This Korean Edition Copyright ⓒ 2011 by Korea InterVarsity Press,
Seoul, Republic of Korea.

이 한국어판의 저작권은 알맹2 에이전시를 통하여
Good News Publishers 과 독점 계약한 IVP에 있습니다.
신저작권법에 의하여 한국 내에서 보호받는 저작물이므로
무단 전재와 무단 복제를 금합니다.

영적 침체를 극복하라

존 파이퍼 | 전의우 옮김

절망의 어둠 속에서 소망을 붙들었던

존 오웬을 기념하며

| 머리말 | 13 |

1장 육체적 상태와 침체　　27
영적 침체의 육체적인 원인
약물 치료의 한계와 예수 그리스도

2장 무력감과 절망감　　37
우리를 무력하게 하는 것들
부르짖음과 기다림
믿음에 대한 회의
회의에 빠진 이들에게 주는 네 가지 조언

3장 기쁨과 감사가 없을 때　　51
행동에서 나오는 힘
기쁨이 없는 이들에게 주는 네 가지 조언
입술의 감사와 마음의 감사

차례

4장 고백하지 않은 죄   61
  고백은 달콤한 자유
  사탄의 공격
  공격받고 있는 이들에게 주는 세 가지 위로

5장 자기중심적인 생활   71
  마르지 않는 샘
  믿음을 나눌 때 나타나는 결과
  복음을 전할 때 견고해지는 기쁨

6장 애정 어린 보살핌   81
  위대한 사랑으로 쿠퍼를 보살핀 존 뉴턴
  기쁨을 위해 싸우도록 서로 도우라

주   93

내가 여호와를 기다리고 기다렸더니

귀를 기울이사 나의 부르짖음을 들으셨도다.

시편 40:1

그의 노염은 잠깐이요 그의 은총은 평생이로다.

저녁에는 울음이 깃들일지라도 아침에는 기쁨이 오리로다.

시편 30:5

나의 사랑하는 노하신 주님

당신은 사랑하시나 때리시며

주저앉히시나 일으키시나이다.

나도 그렇게 하겠나이다.

불평하겠으나 찬양할 것이며

슬퍼하겠으나 인정하겠나이다.

내 모든 새큼달콤한 날 동안

애통하며 사랑하겠나이다.

조지 허버트

"쓰고도 달도다"(Bitter-sweet)[1]

머리말

우리는 의로워야 하지만 의롭지 못하다.
이것이 우리가 겪는 모든 비참의 가장 깊은 뿌리이다.
만일 우리가 이 뿌리를 잘라 버릴 수 있다면,
우리는 기쁨을 위해 싸우는 승리자가 될 것이다.

영적 어둠이라는 주제를 다루면서, 나 자신이 망망대해에서 노를 젓고 있다는 것을 깨닫는다. 나는 책상에서 일어나, 슬픈 그리스도인의 영혼을 보살피고 치유하는 일에 대해 나보다 지혜로운 이야기를 들려주는 책들이 가득한 책장으로 걸어간다. 이런 책들을 펼쳐보는 것만으로도, 아직도 말해야 하는—그러나 한 권의 책으로는 다 말할 수 없는—지혜롭고 귀한 것들이 얼마나 많이 남았는지 깨닫는다. 항상 그럴 것이다. 하나님의 말씀은 다함이 없으며, 그분이 지으신 세상에는 그리스도를 높이며 기쁨을 찾는 이들이 밝은 눈으로 발견해야 할 보화들이 무수히 많다.

기쁨을 위해 싸우는 사람들에게 필요한 것은 언제나 사람마다 각양각색일 것이다. 그러므로 나는 이 바다에 내 한계에 닿는 데까지 노를 저어 나아온 데 만족한다. 기쁨을 찾는 여정에서 당신이 이러한 훌륭한 고전들을 찾아내고 내가 당신을 이끌어 온 곳보다 더 멀리까지 나아가기를 기도한다.[1]

기뻐할 수 없는 사람들을 위해

이 책을 쓰는 목적은 도저히 기뻐할 수 없을 법한 사람들이 기쁨을 찾도록 인도하고 그들에게 소망을 주는 것이다. 실제로 성경을 잘 아는 모든 영혼의 의사들이 긴 어둠과 고독의 시간에 대해 언급했다. 옛날에는 이를 가리켜 우울(melancholy)이라고 불렸다. 예를 들면, 1691년에 작고한 리처드 백스터(Richard Baxter)는 하나님을 기뻐할 수 없을 듯한 그리스도인들을 다루는 복잡한 일에 관해 매우 적절한 글을 썼다. 그는 이렇게 말했다. "하나님을 기뻐하며, 그분의 말씀과 방법을 기뻐하는 것은 진정한 신앙의 꽃이자 생명입니다. 그러나 지금 저는 아무것도 기뻐할 수 없는 사람들에 대해 말하는 것입니다. 그들은 하나님도, 그분의 말씀도, 그 어떤 의무도 기뻐할 수 없습니다."[2]

엄밀히 따져 보면 그 말은 과장된 것이다. 적어도 나는 이렇게 말하고 싶다. 그리스도 안에 있는 모든 참된 신자들에게는 그들 안에 기쁨의 씨앗이 있다. 그리고 그들은 그 사실을 어떤 방식으로든 실제로 경험한다. 아직은 "진정한 신앙"의 "꽃"을 피우지는 못했을지라도, 그들에게는 분명 "생명"이 있다. 비록 그리스도 안에 있는 그들이 가진 기쁨의 씨앗이 겨자씨만큼 작을지라도.[3] 그들은 주 예수님이 그들의 영혼에 영원한 기쁨을 샘솟게 하는 달콤한 생명샘이라는 사실을 맛보아 알았다(시 34:8; 벧전 2:2-3). 그 생명샘의 달콤한 맛은, 진정한 영적 생명이 존재한다는 표지이다. 하지만 홍수처럼 밀고 들어와 그것을 덮어 버리려고 위협하는 어둠이 쉽게 삼켜 버릴 수 있다. 나는 이 책에서 바로

이 문제를 다루고자 한다.

우리가 겪는 모든 비참의 뿌리

이 책은 애초에 「하나님을 기뻐할 수 없을 때」(*When I Don't Desire God*, 한국 IVP)라는 책의 마지막 장으로 쓰였다. 이 작은 책이 도움이 되어서 독자들이 본래의 책에도 관심을 갖게 되기를 바란다. 그 책에서는 이 책에서 미처 언급하지 못한 중요한 토대들을 다루었다. 우리는 의롭다 칭함을 얻은 죄인으로서, 기쁨을 위해 싸우는 법을 배우는 것이 무엇보다도 중요하다. 나는 이것을 "당당한 죄책감"이라고 부른다. 모두가 같은 용어를 사용하지는 않겠지만, 영적인 싸움을 싸워 본 사람이라면 누구나 이 비밀을 배웠다.

당당한 죄책감이란 진실에 기초한 삶을 살아가는 태도다. 그것은 그리스도가 십자가에서 죽으시고 죽은 자 가운데서 다시 살아나실 때 우리에게 일어난 일, 그 반석같이 굳건한 진실에 기초하여 사는 것이다. 그것은 우리가 이생에서 언제나 죄 많고 불완전할 것임을 아는 것이다. 그러므로 **우리는** 언제나 죄책감을 느낄 것이다. 만일 우리가 믿음으로 얻는 칭의라는 실재, 즉 당당한 죄책감의 비밀을 깨닫지 못한다면, 이는 감정적으로 매우 괴로운 일이다. 기쁨을 위한 싸움에서 당당한 죄책감이 유일한 무기는 아니다. 하지만 어둠 속에서 낙심할 때 우리가 쓸 수 있는 가장 근본적이고 가장 중요한 무기임은 분명하다.

칭의 교리는 죄와 하나님의 분노에서 벗어날 방법은 법적인 구제가 우선이고, 그 다음이 도덕적인 것이라고 말한다. 첫째, 우리는 죄에 대한 책임을 법적으로 해결받아야 하며 자신에게 없는 의를 빌려 와야 한다. 다시 말해, 우리는 하나님이 재판관으로 앉아 계시며 우리가 그분의 법에 따라 유죄 판결을 받는 하나님 나라 법정에서 의롭다는 선언을 받아야 한다. 이것이 '의롭다 하다'(justify)라는 어휘가 의미하는 것이다. 의롭게 **만드는** 것이 아니라 의롭다고 **선언하는** 것이다.

사람들이 "**하나님을 의롭다 하였다**"고 증언하는 누가복음 7:29에서 이를 확인할 수 있다. 다시 말해, 사람들은 하나님이 의롭다고 선언했다. 사람들이 하나님을 의롭게 **만**

든 것이 아니다. 그러나 우리는 죄인이며 우리에게는 의가 없다. 우리는 의로워야 하지만 의롭지 못하다. 우리가 유죄이며 영원한 형벌을 받아야 하는 것은 바로 이 때문이다. 이것이 우리가 겪는 모든 비참의 가장 깊은 뿌리이다. 만일 우리가 이 뿌리를 잘라 버릴 수 있다면, 우리는 기쁨을 위해 싸우는 승리자가 될 것이다. 그리스도의 피에 기초한 칭의라는 하나님의 선물과 의는 이 비참의 뿌리를 잘라 버린다.

그리스도의 죽음과 칭의

우리를 구원하는 길을 내려고 하나님은 그리스도를 보내어 완전한 신인(神人)의 삶을 살고 순종적인 죽음을 맞게 하셨다. 그리스도는 우리 죄를 대신 지고 형벌을 받으셨고 (마 26:28; 고전 15:3; 벧전 3:18) 우리를 대신하여 의를 이루셨다(롬 5:19; 10:4; 고후 5:21; 빌 3:9). 그러므로 하나님의 법정에서, 나는 그리스도의 피로 죄에 대한 책임을 벗었으며["우리가 그리스도 안에서 그의 은혜의 풍성함을 따라 그의 피로 말미암아 구속 곧 죄사함을 받았으니"(엡 1:7)], 나는 그리스도의 순종으로 천국에 들어갈 자격을 얻었다["한 사람의 순종하심으로 많은 사람이 의인이 되리라"(롬 5:19)]. 나는 의롭다는 선언을 받았다. 죄의 형벌에서 벗어나 천국에 들어갈 자격이 있다고 선포되었다. 이것이 성경에서 말하는 칭의가 의미하는 것이다.

칭의 교리에서 가장 기쁘고 영광스러운 사실은 율법의 행위와는 상관없이 **오직 믿음으로** 의롭다 함을 얻는다는 것이다. 바울은 이렇게 말했다. "사람이 의롭다 하심을 얻는 것은 율법의 행위에 있지 않고 **믿음으로** 되는 줄 우리가 인정하노라…일하는 자에게는 그 삯이 은혜로 여겨지지 아니하고 보수로 여겨지거니와, 일을 아니할지라도 **경건하지 아니한 자를 의롭다 하시는 이를 믿는** 자에게는 그의 믿음을 의로 여기시나니"(롬 3:28; 4:4-5).

"경건하지 아니한 자", 즉 어둠과 죄책감으로 괴로워하는 사람들에게 세상에서 가장 좋은 소식은 하나님이 그리스도 때문에, 오직 믿음으로 그들을 의롭게 여기시리라는 것이다. 이는 어둠의 구름이 몰려오고 홍수가 들이닥칠 때 우리가 설 반석이다. 칭의는 **오직 은혜**에 의해(우리의 공로와 혼합하지 않은), **오직 믿음**을 통해(우리의 행위와 혼합하지 않은), **오직 그리스도**의 토대 위에서(그분의 의와 우리 의를 혼합하지 않은), **오직 하나님**의 영광을 위해(우리의 영광이 아니라) 이루어진다는 것이다.

칭의와 성화를 혼동할 때 기쁨이 사라진다

오직 이러한 용서와 의롭다는 선포를 토대로, 하나님은 우리에게 성령을 주셔서 우리를 서서히 도덕적으로 그분 아들의 형상으로 바꾸어 나가신다. 이러한 점진적인 변화가 칭의는 **아니다**. 그러나 그것은 칭의를 토대로 이루어진다. 우리는 이러한 변화를 가리켜 **성화(聖化)**라고 한다. "그러나 이제는 너희가 죄로부터 해방되고 하나님께 종이 되어 거룩함에 이르는 열매를 맺었으니 그 마지막은 영생이라"(롬 6:22).

먼저 법적인 문제가 해결되었다. 하나님 나라 법정에서, 경건치 못한 죄인인 우리가 오직 믿음으로 의롭다고 선언

받는다! 그리스도의 의가 우리에게 전가된다. 하나님이 우리를 받으실 때 우리에게 의라고는 하나도 없다. 우리에게 믿음이 있지만, 그것은 의가 아니다. 그것은 그리스도, 우리를 위한 그분의 모든 것을 받아들이는 것이다. 우리는 아직 사랑할 만한 존재가 되지 못했다. 대신 우리는 값없이, 신실한 사랑의 삶으로 하나님의 법을 완전히 성취하신 그리스도를 받아들였다. 오직 믿음으로 우리는 그리스도와 연합되었다. 그분의 모든 것이 경건치 못한 우리에게 전가되었다. 이것이 칭의다. 이렇게 해서 우선 법적인 문제가 해결된다.

법적인 문제가, 그것도 단번에 해결되고 나면 도덕적 진보(성화)가 이루어진다. 그것은 너무나 느려서 우리를 탄식하게 한다. 칭의와 성화는 둘 다 하나님이 주시는 선물이며, 둘 다 그리스도의 피로 산 것이다. 그 둘은 분리할 수는 없지만 서로 다르다. 둘 다 오직 믿음으로 이루어진다. 칭의가 오직 믿음으로 이루어지는 것은, 오직 믿음으로 경건치 못한 우리가 의롭다는 선언을 받기 때문이다. 성화가 오직 믿음으로 이루어지는 것은, 오직 믿음으로 사랑의 열매를 맺는 능력을 얻기 때문이다.

기쁨을 위한 싸움에서 칭의와 성화를 혼동하거나 혼합하지 않는 것이 아주 중요하다. 이 둘을 혼동하면, 결국 복음을 훼손하고 **믿음**으로 얻는 칭의를 **행위**로 얻는 칭의로 바꾸게 된다. 이런 일이 일어나면, 기쁨을 위한 싸움에서 복음이라는 놀라운 무기를 잃게 된다.

하나님이 우리를 받아들이시는 것은 우리의 의가 아니라 그리스도의 의 때문이다. 우리의 점진적인 성화―아주 느리지만 그리스도를 닮아 가는 성장―는 분명히 중요하다. 이는 우리 영혼 안에 영적 생명이 있고 우리 믿음이 진정하다는 필수적인 증거다.[6] 그러나 우리 자신이 불완전하다는 절망스러운 어둠 속에서 우리에게 그리스도의 완전한 의가 있음을 확신할 때 모든 것이 완전히 달라진다.

존 버니언이 본 하나님 나라의 의

이것은 존 버니언이 경험한 일이다. 그는 칭의 교리를―우리의 것이 아닌 그리스도의 것으로 우리에게 전가된, 완전하고 객관적인 외부의 의가 있다는 사실을—기뻐하도록 우리를 독려하기 위해 자신의 이야기를 들려주었다. 버니언은 영어권에서 성경 다음으로 많이 팔린 「천로역정」을 쓴 사람이다. 17세기의 목회자였으나 십자가 설교를 중단하라는 명령을 거부했다는 이유로 12년을 감옥에서 보냈다. 가장 위대한 청교도 신학자이자 버니언과 동시대 인물인 존 오웬(John Owen)은, 찰스 2세가 왜 무식하고 어설픈 설교자의 설교를 들으러 가느냐고 물었을 때 이렇게 대답했다. "폐하, 그 어설픈 설교자처럼 설교할 수만 있다면 제 모든 학식을 기꺼이 포기하겠습니다."[7]

그러나 버니언이 항상 그렇게 담대하고 복음의 능력으로 충만했던 것은 아니다. 20대의 버니언은 엄청나게 번민하는 사람이었다. "하나님과 그리스도와 성경에 대한 불온한 회의가 참람하게도 홍수처럼 내 영혼에 들이닥쳤고 큰 혼란과 놀라움을 일으켰다.…때로 내 마음은 너무나 강퍅했다. 눈물 한 방울에 1,000파운드를 준다 해도 나는 한 방울도 흘릴 수 없었을 것이다.…오, 절망적인 인간의 마음이여.…나는 이러한 악독한 죄를 용서받을 수 없을 것 같아 두려웠다.…누구도 그 시절 내가 느낀 공포를 알지 못할 것이다."[8]

그런 후에 절망과 기쁨 없는 무력감을 극복하는 결정적인 순간이 찾아왔다. 그리스도의 의가 전가된다는 놀라운 진리를 깨달은 것이다.

어느 날 들판을 지나고 있을 때…내 영혼에 이런 소리가 들렸다. '**네 의는 천국에 있도다**.' 그리고 내 영혼의 눈에 예수 그리스도가 하나님 우편에 계신 것이 보였다. 거기에 나의 의가 있었다. 내가 어디에 있든, 무엇을 하든, 하나님은 나에 대해 의가 없다고 말씀하실 수 없었다. 내 의는 바로 그분 앞에 있었기 때문이다. 나는 내 선한 마음이 내 의를 더 낫게 만드는 것이 아니며 내 악한 마음이 내 의를 더 나쁘게 만드는 것도 아니라는 것을 깨달았다. "어제나 오늘이나 영원토록 동일하신"(히 13:8) 예수 그리스도 바로 그분이 나의 의이시기 때문이다. 그때 내 발목에서 사슬이 풀려 나갔다. 나는 고통과 족쇄에서 해방되었다. 나를 유혹하던 것들도 도망쳐 버렸다. 그래서 그 순간부터 [용서받을 수 없는 죄에 관한] 그 무서웠던 성경 구절들이 더 이상 나를 괴롭히지 않았다. 드디어 나도 하나님의 은혜와 사랑을 기뻐하며 집으로 돌아갈 수 있었다."[9]

절망 속에서 그리스도께 나아가라

버니언은 자신의 의가 자기 외부에 있다는 사실을 깨닫고 기뻐하며 집으로 돌아갔다. 그 의는 바로 예수 그리스도시다. 나는 당신도 이 사실을 깨닫고 기뻐하기를 기도한다. 어디서 시작해야 할까? 어둠 가운데 있는 사람에게 가장 쉬운 출발점인 절망에서 시작하자. 당신은 자신 안에서 어떤 해결책을 찾다가 절망한 경험이 있을 것이다. 나는 당신이 스스로 곤경에서 벗어나고자 자신의 내면으로 파고드는 모든 노력을 멈추기를 기도한다. 나는 당신이 절박한 사람들만이 할 수 있는 그 일을 하게 되기를 기도한다. 그것은 바로 자신을 그리스도께 던지는 것이다. 그분께 이렇게 말하라. "당신만이 나의 유일한 희망입니다. 내 안에는 의로움이 없습니다. 나는 죄와 죄책감에 짓눌려 있으며 하나님의 진노 아래 있습니다. 내 양심은 나를 고발하며 비참하게 만듭니다. 나는 멸망으로 떨어지고 있습니다. 어둠이 나를 온통 에워싸고 있습니다. 당신을 신뢰하오니 나를 불쌍히 여기소서."

그분은 당신을 박대하지 않겠다고 약속하셨다. "내게 오는 자는 내가 결코 내쫓지 아니하리라"(요 6:37). 이러한 믿음으로 나아갈 때 하나님은 당신을 그리스도와 연합하게 하신다. 당신은 "그분 안에" 있게 되며, 그분 안에서 지금부터 영원토록 사랑받고 용서받고 의롭게 된다. 때가 이르면 빛이 솟아올라 당신의 어둠을 비출 것이다. 하나님은 당신을 굳게 붙드실 것이다(유 24). 당신은 반드시 구원을 얻을 것이다. 이것이 그분의 약속이다. "미리 정하신 그들을 또한 부르시고, 부르신 그들을 또한 의롭다 하시고, 의롭다 하신 그들을 또한 영화롭게 하셨느니라"(롬 8:30). 영광이 다가오고 있다. "우리가 잠시 받는 환난의 경한 것이 지극히 크고 영원한 영광의 중한 것을 우리에게 이루게 함이니, 우리가 주목하는 것은 보이는 것이 아니요 보이지 않는 것이니 보이는 것은 잠깐이요 보이지 않는 것은 영원함이라"(고후 4:17-18).

1장

육체적 상태와 침체

우리가 분명히 알아 두어야 할 것은,
우리의 몸 상태에 따라 명료하게 생각하는 지성의 능력과
소망을 주는 진리의 아름다움을 보는 영혼의 능력이
달라진다는 것이다.

우리는 어둠을 뚫고 기쁨의 빛으로 나올 수 없을 것 같은 그리스도인들을 어떻게 도울 수 있는가? 그렇다, 나는 그들을 그리스도인이라고 했다. 나는 그런 일이 진정한 신자들에게도 일어날 수 있다고 생각한다. 그런 일이 일어나는 것은, 죄 때문이거나 사탄의 공격 때문이거나 비참한 환경 때문이거나 유전 때문이거나 다른 육체적인 원인 때문이다. 머리말에서 말한 고전들이 뛰어난 것은, 이러한 모든 원인

과 그 원인들의 다양한 결합을 다루며 각각의 상황에 적절히 대처하는 방식을 제시하기 때문이다. 옛 청교도 목회자들이 절망적인 어둠 때문에 누군가를 포기하는 일은 결코 없었던 것 같다.

정신 의학과 현대의 뇌 전기생리학이 생겨나기 오래 전, 성경 지식이 충만한 청교도 목회자들은 우울증의 어둠 뒤에는 복잡한 원인들이 얽혀 있음을 알았다. 사실, 백스터가 "그 원인과 치료법은 무엇인가?"라는 질문에 첫째로 한 대답은 이것이었다. "대개 몸이 약하거나 몸에 이상이 있거나 병드는 것이 원인의 상당 부분을 차지합니다. 이럴 때 영혼은 편안함을 느끼기 어렵습니다. 그것이 자연적인 필연에서 비롯될 때는 덜 죄악되고 영혼에 덜 위험하지만, 그렇다고 덜 힘든 것은 결코 아닙니다."[1]

그는 우울증의 원인과 치료에 대해 설교하면서 "약물과 식사"에 관해 한 단락 전체를 할애했다. 그는 남다르게, 하지만 놀랄 정도로 정확하게 말했다. "'우울증'이라는 병은 명백히 영혼에 있으며, 영혼이 상상·이해·기억·애착 같은 면에서 그 역할을 제대로 하지 못하는 것입니다. 이러한 기능 이상으로 인해 사고력이 병드는데, 충혈된 눈이나 삐거나 탈골된 발처럼 제 역할을 제대로 할 수 없게 됩니다."[2]

영적 침체의 육체적인 원인

우울과 그보다 더 심각한 형태인 우울증의 물리적 처치에 대해서는 더 나아가지 않겠다. 그것은 의사가 할 일이며, 나는 의사가 아니다. 하지만 우리가 분명히 알아 두어야 할 것은, 우리의 몸 상태에 따라 명료하게 생각하는 지성의 능력과 소망을 주는 진리의 아름다움을 보는 영혼의 능력이 달라진다는 것이다. 20세기 중반, 런던의 웨스트민스터 채플에서 사역한 위대한 설교자 마틴 로이드 존스는 육체적인 것을 간과해서는 안 된다고 경고하며 「영적 침체와 치유」(Spiritual Depression, CLC)를 쓰기 시작했다. 로이드 존스가 설교자로 부름을 받기 전에 의사였다는 사실은 의미심장하다.

여러분 가운데 자신이 그리스도인이기만 하면 몸 상태가 어떻든

상관없다고 생각하는 사람이 있습니까? 그렇게 믿는다면, 곧 착각에서 깨어나게 될 것입니다. 육체의 상태는 삶 전반에서 중요한 역할을 합니다.… 어떤 경우 육체적 불편은 침체를 촉진합니다.… 지난 세기에 런던에서 거의 40년간 목회했으며 시대를 초월하여 정말 위대한 설교자였던 찰스 스펄전을 보십시오. 이 위대한 사람이 영적 침체에 빠졌는데, 그 경우 끝내 그를 죽음에 이르게 했던 통풍(痛風)이 원인이었다는 데는 의심의 여지가 없습니다. 그는 자주 극도로 심각한 영적 침체를 겪었습니다. 그가 그처럼 극심한 침체에 빠진 것은 선대로부터 물려받은 통풍 때문인 것이 분명합니다. 저를 찾아와 이런 문제들을 상담하는 사람들 가운데는 그 원인이 주로 육체적인 데 있는 것이 아주 분명해 보이는 사람들이 많습니다. 그런 원인에 속하는 것으로는 피로와 과로 그리고 모든 형태의 질병을 들 수 있습니다. 우리는 몸이며 마음이며 영이기 때문에 영적인 것과 육적인 것을 분리할 수 없습니다. 가장 위대하고 훌륭한 그리스도인들이라도 육체적으로 약할 때는 다른 어느 때보다 영적 침체의 공격을 받기 쉬우며, 성경에는 이를 보여 주는 예가 많습니다.[3]

로이드 존스를 잘 알았던 영국의 정신과 의사 가이우스 데이비스(Gaius Davies)는 이렇게 말했다.

> 1954년부터 어느 정도 진전이 되기는 했지만, 침체에 관한 시리즈 설교가 끝난 1954년 이전까지 시중에는 이렇다 할 항우울제가 없었다. 이후 1955-1956년경부터 새로운 형태의 약물을 자유롭게 구할 수 있게 되었다. 그때 나는 로이드 존스 박사가 어떤 항우울제가 가장 효과적인지 알아내는 데 큰 관심이 있다는 것을 알았다. 그는 내가 의사 노릇을 시작했을 때 내게 항우울제에 관해 많이 물었으며, 다른 의사들에게도 비슷한 질문을 했기 때문이었다. 그는 자신에게 견해를 묻는 사람들에게 조언해 줄 수 있을 만큼 충분히 알고 싶어 했다.[4]

약물 치료의 한계와 예수 그리스도

약물 치료를 영적 어둠의 첫 번째 또는 주요 해결책으로 삼아야 한다는 인상을 주고 싶지는 않다. 의학이 그 자체로 **영적 어둠의 해결책인 것은 결코 아니기** 때문이다. 의학이 제 역할을 할 때에도 근본적인 삶의 문제들은 모두 그대로 남아 있으며, 결국 그리스도와의 적절한 관계 안에서 풀어야 한다. 항우울제는 결정적인 구원자가 아니다. 그리스도가 결정적인 구원자다. 사실, 행실이 나쁜 아동들과 슬픔에 빠진 성인들에게 거의 자동적으로 약물을 처방하는 세태는 사회에, 곧 우리에게 해를 입힐 것이다.

기독교 상담 및 교육 재단(Christian Counseling and Educational Foundation)에서 상담을 하고, 웨스트민스터 신학교에서 강의를 하며, 「성경적 상담」(*The Journal of Biblical Counseling*)을 편집하기도 한 데이비드 포울리슨(David Powlison)은 1990년대 중반 정신과학계에서 일어난 엄청난 변화를 이렇게 기록했다.

> 의심할 여지없이 1990년대 중반에 세상은 변했다. 이제 활발한 연구 주제는 개인의 몸이다. 그들의 관심은, 개인이 부모에게 물려받은 것이지 부모가 개인에게 행한 것이 아니다. 그들이 **흥분**하는 주제는 뇌의 기능에 관한 것이지 가족의 역기능에 관한 것이 아니다. 최첨단에 선 것은 과학적 의학과 정신의학이지, 감성

적이고 부드러우며 삶의 철학을 말하며 아픔을 느끼라고 하는 심리학이 아니다.…생물학이 갑자기 인기를 얻었다. 정신의학이 갑자기 들어와 모든 저항 세력을 **기습하여** 몰아내 버렸다.…의학은 인간의 인성까지 요구할 태세다.…인간의 삶에 대한 생물심리학적 태도가 문화와 교회에 큰 영향을 미치고 있다.[5]

그는 이러한 생물정신의학(biopsychiatry)의 열기가 지나갈 것이며, 다음과 같이 되리라고 결론지었다.

생물정신의학이 몇 가지 질병을 치료할 것이며, 그로 인해 우리는 일반 은총을 베푸시는 하나님을 찬양해야 할 것이다. 그러나 결국 원하지도 않았고 예상하지도 못했던 부작용들이 나타나 엄청난 환멸을 초래할 것이다. 효과도 약속에 미치지 못할 것이다. 수많은 사람들이 정상적인 삶의 문제들을 약물로 해결하려 하겠지만, 그들의 삶이 질적으로 달라지지는 않을 것이다. 오직 지적인 회개, 살아 있는 믿음, 실천적인 순종만이 세상을 뒤집을 수 있다.[6]

포울리슨의 견해는 「뇌 책임인가, 내 책임인가?」(*Blame It on the Brain?*, CLC)라는 책을 쓴 에드 웰치(Ed Welch)의 견해와 상통한다. 이 책에서 웰치는 침체가 계속 악화되는 경우라면 약물을 복용하라고 말했다.

> 어떤 사람이 약을 복용하지는 않지만 복용하려고 생각하는 경우, 나는 대개 잠시 결정을 미루라고 권한다. 나는 그동안 가능성 있는 원인들을 살펴보고, 우리가 어려움 가운데 있을 때에도 믿음이 자랄 수 있도록 우리 자신과 하나님에 관해 가르쳐 달라고 그 사람과 함께 기도한다. 침체가 계속될 경우, 나는 약물이 몇 가지 신체적 증상을 다스리는 한 가지 선택 사항이라는 점을 그에게 알려 준다.[7]

많은 사람들이 이것은 지나치게 신중한 처사라고 생각할 것이다. 그러나 사람들이 초기부터 항우울제의 특별한 효과에 열광하는 것을 저지하는 과학적 증거가 이미 널리 퍼져 있다. 2002년 5월 "워싱턴 포스트"(*The Washington Post*) 지에 실린 기사를 보면 이런 상황이 여실히 드러난다.

수천 건이나 되는 연구 결과와 수억 장에 이르는 처방전과 수백억 달러의 시장 규모에서 알 수 있듯이, 우울증을 치료하는 약에 관해서는 두 가지가 확실하다. 프로작(Prozac), 팍실(Paxil), 졸로프트(Zoloft)와 같은 항우울제는 효과가 있다. 설탕 알약도 효과가 있다. 근래 몇 십 년 사이에 제약 회사들이 실시한 다수의 실험에서 새로운 분석 결과가 나왔는데, 설탕 알약이 항우울제와 동일한―또는 더 나은― 효능을 나타냈다.[8]

웰치의 신중한 처방과 "워싱턴 포스트"지의 회의적 보도의 요점은 우울증이나 영적 어둠이 육체적 상태와 무관하다는 것이 아니다. 이 둘은 깊은 관련이 있다. 요점은, 영혼과 뇌의 관계는 인간의 이해를 초월하며, 따라서 뇌에 많은 영향을 미치며 또한 뇌로부터 많은 영향을 받는 인간의 도덕적·영적 실체들에 깊은 관심과 세심한 주의를 기울이면서 다루어야 한다는 것이다.

당신이 약물에 대한 정보를 얻고자 이 책을 읽고 있거나 그런 책으로 생각하고 있더라도, 나는 그 때문에 당신을 비난하지 않을 것이며 성경도 그러지 않을 것이다. 약물이 필요해서 이 책을 택한 것은 가장 잘한 일일 수도 있고 그렇지 않을 수도 있다. 나는 당신에게 하나님 중심의 지혜와 성경에 충실한 의사를 추천할 것이다. 약물의 선택이 불완전했다면, 당신이 그리스도 안에서 안식할 때 전가된 그분의 의가 그 불완전을 삼킬 것이다.

2장
무력감과 절망감

우리가 어둠 가운데 있을 때 정말로 중요한 것은,
우리에게 하나님을 붙들 힘이 없을 때라도
하나님이 지혜롭고 강한 손으로
우리를 붙들고 계심을 확신하는 것이다.

약을 먹든 먹지 않든, 장기적인 어둠 가운데 있을 때 취할 수 있는 다른 방법들이 있다. 나는 당신에게 그 몇 가지를 권하고 싶다. 그리스도인으로 살면서 어둠의 시기를 거치는 것은 정상적인 것이다. 이 사실을 기억하면 힘겨운 싸움을 하고 있는 그리스도인에게 큰 유익이 될 것이다. 내 말은 이러한 어둠을 극복하고자 노력하지 말라는 뜻이 아니다. 우리가 성공하지 못하더라도, 우리 믿음의 조각이 그리스도께 굳게 붙어 있다면, 우리는 길을 잃은 것도 아니고 혼자도 아니라는 뜻이다. 시편 40:1-3에 나오는 다윗의 경험을 생각해 보라.

> 내가 여호와를 기다리고 기다렸더니
> 귀를 기울이사 나의 부르짖음을 들으셨도다.
> 나를 기가 막힐 웅덩이와 수렁에서 끌어올리시고
> 내 발을 반석 위에 두사 내 걸음을 견고하게 하셨도다.
> 새 노래 곧 우리 하나님께 올릴
> 찬송을 내 입에 두셨으니
> 많은 사람이 보고 두려워하여 여호와를 의지하리로다.

우리를 무력하게 하는 것들

이스라엘의 왕이 "기가 막힐 웅덩이와 수렁"에 갇혀 있다. 이는 그의 영적 상태를 묘사한 것이다. 찬양의 노래가 흘러나오고 있지만, 지금 그는 노래할 상황이 아니다. 그는 깊고 어두운 우물, 생명을 위협하는 진흙 구덩이에 빠진 것으로 보인다. 다윗이 이런 일을 경험하고 그에 대해 쓴 시편이 한 편 더 있다. 그 시편에서는 진흙과 홍수의 이미지를 결합했다. "하나님이여 나를 구원하소서. 물들이 내 영혼에까지 흘러 들어왔나이다. 나는 설 곳이 없는 깊은 수렁에 빠지며 깊은 물에 들어가니 큰물이 내게 넘치나이다"(시 69:1-2).

이러한 파멸의 진흙 구덩이에는 무력감과 절망감이 있다. 그곳에서는 갑자기 공기가, 단지 공기가 수억 원에 이르는 가치를 갖는다. 무력감, 절망감, 소망 없어 보이는 상황, 한계에 부딪힌 과로한 사업가, 그치지 않고 울어 대는 세 아이 앞에 인내심이 한계에 이른 어머니, 감당할 수 없을 만큼 많은 학교 수업, 만성 질병으로 인한 견디기 힘든 스트레스, 당장에라도 덮칠 듯한 강력한 대적의 공격. 이런 것들은 경험해 보지 않아서 어떤 것인지 모르는 것이 좋다. 이런 일들을 겪어 보았다면 웅덩이에 빠져 있는 왕을 더 쉽게 이해할 수 있을 것이다. 무력감과 절망감을 일으키며 삶을 파괴하거나 생명을 앗아 가겠다고 위협하는 모든 것이 바로 기가 막힐 웅덩이다.

부르짖음과 기다림

그 다음에 왕의 부르짖음이 나온다. "내가 여호와를 기다리고 기다렸더니, 귀를 기울이사 나의 부르짖음을 들으셨도다." 하나님이 다윗을 그렇게도 많이 사랑하신 이유 가운데 하나는 그가 그렇게도 많이 부르짖었기 때문이다. "내가 탄식함으로 피곤하여 밤마다 눈물로 내 침상을 띄우며 내 요를 적시나이다"(시 6:6). "나의 유리함을 주께서 계수하셨사오니 나의 눈물을 주의 병에 담으소서. 이것이 주의 책에 기록되지 아니하였나이까"(시 56:8). 그분은 우리의 눈물을 기억하신다. 정말 그렇다! "애통하는 자는 복이 있나니"(마 5:4). 절망에 빠진 사람이 진정으로 하나님께 부르짖는 것은 아름다운 일이다.

부르짖은 후에는 기다려야 한다. "내가 여호와를 기다리고 기다렸더니." 이것이 우리가 알아야 할 중요한 사실이다. 어둠의 웅덩이에서 구해 달라고 하나님께 부르짖는 성도들은 하나님을 기다리고 기다리는 법을 반드시 배워야 한다는 것이다. 다윗이 얼마나 오래 기다렸는지에 대해서는 아무런 언급이 없다. 나는 8년 동안 깊은 절망 가운데 있다가 마침내 영광스러운 빛으로 나아온 성도들을 알고 있다. 우리가 얼마나 기다려야 하는지는 하나님만 아신다. 선지자 미가는 기나길고 고통스러운 기다림을 경험했다. "나는 … 어두운 데에 앉을지라도… 주께서 나를 위하여 논쟁하시고 심판하시며 주께서 나를 인도하사 광명에 이르게 하시리니"(미 7:8-9). 우리는 하나님께 최종 기한을 정해 드릴 수 없다. 하나님은 자신이 적절하다고 보시는 대로 때를 앞당기거나 늦추신다. 그분의 타이밍은 자녀들을 향한 넘치는 사랑에 있다. 오, 우리가 어둠의 시간에 인내하는 법을 배운다면! 내 말은 우리가 어둠과 화해해야 한다는 뜻이 아니다. 우리는 기쁨을 위해 싸운다. 그러나 우리는 은혜로 구원받았고 그리스도가 지켜 주시는 자로서 싸운다. 우리는 파울 게르하르트(Paul Gerhardt)처럼 우리의 밤이 곧—하나님의 선하신 타이밍 가운데서—낮으로 바뀌리라고 노래할 수 있다.

네 두려움은 바람에게 맡기라.

소망을 갖고 걱정하지 말라.

하나님은 네 한숨을 들으시고

네 눈물을 헤아리시니

네가 고개를 들게 하시리라.

파도와 구름과 폭풍을 뚫고

그분이 친절히 네 길을 내시리니

그분의 때를 기다리라.

이 밤 끝나고 기쁨의 날 곧 오리라.

네 생각보다 높고도 높게

그분의 경륜 나타나리라.

그분이 온전히 이루실 때

네 두려움은 부질없어지리라.

선택과 명령을

그분의 주권에 맡기라.

네가 의심하나 그 길 인정하리니

그 손길 얼마나 지혜롭고 강한고.[1]

믿음에 대한 회의

우리가 어둠 가운데 있을 때 정말로 중요한 것은, 우리에게 하나님을 붙들 힘이 없을 때라도 하나님이 지혜롭고 강한 손으로 우리를 붙들고 계심을 확신[2]하는 것이다. 바울은 자신의 싸움을 이런 식으로 생각했다. 그는 이렇게 말했다. "내가 이미 얻었다 함도 아니요, 온전히 이루었다 함도 아니라. 오직 내가 그리스도 예수께 잡힌바 된 그것을 잡으려고 좇아가노라"(빌 3:12). 이 구절에서 우리가 알아야 할 핵심은, 그리스도 안에서 온전한 기쁨을 잡으려는 바울의 노력은 그리스도가 그를 잡고 계시기 때문에 안전하다는 것이다. 당신의 안전은 무엇보다도 그리스도의 신실하심에 있음을 결코 잊지 말라.

우리의 믿음은 부침(浮沈)이 있고 단계가 있다. 그러나 우리의 안전은 부침도 없고 단계도 없다. 우리는 믿음으로

인내해야 한다. 이것은 틀림없는 진실이다. 그러나 우리의 믿음이 겨자씨 한 알 만해서 좀처럼 보이지 않을 때도 있다. 사실, 하나님의 자녀들이 겪는 가장 어두운 시기는 믿음이 가라앉아 자신의 눈에 보이지 않을 때다. 하나님의 눈이 아니라 자신의 눈에 보이지 않을 때다. 그렇다. 어둠에 지나치게 억눌려 자신이 그리스도인인지 모를 수도 있다. 그러나 그럴 때에도 여전히 당신은 그리스도인이다.

위대한 영혼의 의사들은 믿음과 충만한 확신을 구분했다. 우리는 거듭나게 하고 믿음으로 인도하시는 하나님의 역사로 말미암아 구원받았다는 것이 그 이유다. "바람이 임의로 불매 네가 그 소리는 들어도 어디서 와서 어디로 가는지 알지 못하나니 성령으로 난 사람도 다 그러하니라"(요 3:8). 우리는 스스로 믿음을 만들어 내고 그 믿음을 거듭남의 근거로 삼음으로써 구원받는 것이 아니다. 사실은 그 반대다. 하나님이 우리 믿음의 기초이시며, 한동안 우리 믿음이 우리 눈에 보이지 않을 때에도 하나님은 거듭남의 뿌리를 지탱하고 계시며 믿음의 씨가 죽지 않도록 보호하고 계신다. 이것이 백스터가 말하는 영혼의 보살핌의 핵심이다.

믿음의 확실성과 진정성이 구원에 필수적이지는 않지만, 믿음의 진정성 자체는 필수적입니다. 자신을 그리스도께 드리는 사람은, 자신이 진정으로 그렇게 하는지 모른다 하더라도 구원을 얻을 것입니다. 그리스도의 은혜를 받은 사람들이 그 은혜가 견고하다는 것을 모를 때라도 그리스도는 자신의 은혜가 견고하다는 것을 아십니다.

자신을 모르기 때문에, 하나님이 자신에게 주신 진정을 알지 못하고 낙심하는 사람들이 많습니다. 우리들 대부분은 은혜가 약합니다. 그리고 적고 약한 은혜는 미미하게 또한 간헐적으로 작용하기 때문에 쉽게 인식할 수 없습니다. 은혜는 은혜의 행위를 통해서 알 수 있습니다. 약한 은혜는 언제나 강력한 부패와 결합합니다. 우리 마음의 죄와 삶의 모든 죄는 은혜와 상반되며 은혜를 흐릿하게 만듭니다.…이 모든 장애물 아래 있으면서 자신의 진정성을 온전히 확신할 수 있는 사람이 어디 있겠습니까?[3]

백스터가 그리스도인들의 평안을 깨뜨리려는 의도로 한 말이 아니다. 도리어 그는 우리를 안심시키려 한 것이다. 우리가 어둠 가운데 있더라도 예수님 안에서 안전할 수 있으며, 자신에게 진정성이 보이지 않을 때에도 그럴 수 있다는 것을 우리에게 알려 준다. 우리가 하나님의 자녀라는 성령의 증거(롬 8:16)는 분명할 수도 있고 희미할 수도 있다. 그러나 사실은 흔들림이 없다. "하나님의 견고한 터는 섰으니 인침이 있어 일렀으되 주께서 자기 백성을 아신다 하며"(딤후 2:19). "너희를 불러 그의 아들 예수 그리스도 우리 주와 더불어 교제하게 하시는 하나님은 미쁘시도다"(고전 1:9). "너희 안에서 착한 일을 시작하신 이가 그리스도 예수의 날까지 이루실 줄을 우리가 확신하노라"(빌 1:6). 우리가 영혼의 어두운 밤을 이기려 할 때 백스터의 말은 결정적인 조언이 된다. 영혼의 어두운 밤은 거의 모든 그리스도인에게 찾아올 것이다. 그 밤이 찾아오면, 우리는 주님을 기다려야 하며, 그분께 부르짖어야 한다. 또한, 어둠 속에서 고하는 우리의 자기 고발이 빛 가운데서 선포되는 하나님의 말씀만큼 확실하지 않다는 것을 알아야 한다.

회의에 빠진 이들에게 주는 네 가지 조언

어두운 침체에 빠져 있는 그리스도인들은 필사적으로 물을 것이다. 내가 정말 하나님의 자녀라는 것을 어떻게 알 수 있습니까? 대개 그들이 요구하는 것은 믿음을 통해 은혜로 구원받는다는 사실을 상기시켜 달라는 것이 아니다. 그것은 그들도 알고 있다. 그들은 자신의 믿음이 진짜인지 어떻게 알 수 있느냐고 묻는 것이다. 이 문제는 하나님이 대답할 길을 인도해 주셔야 한다. 그리고 우리가 그 사람을 알면 무슨 말을 해야 그에게 도움이 될지도 알 수 있을 것이다.[4]

가장 먼저 해줄 만한 가장 좋은 말은 이것일 것이다. "나는 당신을 사랑합니다. 당신이 이 문제로 고민할 때 외면하지 않겠습니다." 이 말에서 그들은 다른 어떤 방법으로도 느끼지 못할 하나님의 지속적인 임재를 느낄 것이다. 둘째로 우리는 이렇게 말할 수 있다. "이제 당신의 믿음을 보지 마십시오. 대신에 그리스도께 관심을 집중하십시오. 믿음은 그리스도에게서 눈을 돌려 당신의 믿음을 분석할 때

유지되는 것이 아니라 십자가에 못 박혀 죽으시고 부활하신 그리스도를 바라볼 때 유지됩니다. 당신이 그리스도를 바라보도록 돕겠습니다. 누가복음 22-24장을 함께 읽어 볼까요?" 역설적으로, 우리가 믿음의 기쁨을 맛보려면 믿음에 너무 집중해서는 안 된다. 우리를 구원하신 분의 위대하심에 집중해야 한다.

셋째, 우리는 그들의 삶에 나타난 은혜의 증거에 주목하라고 청할 수 있다. 우리가 그들에게 사랑을 받았을 때 느낀 그들의 진정성을 이야기해 줄 수 있을 것이다. 또한 그들에게 그리스도의 주되심에 대한 강한 확신이 있었다는 것을 상기시켜 줄 수 있을 것이다. 그런 다음에 이 말씀을 들려주라. "성령으로 아니하고는 누구든지 예수를 주시라 할 수 없느니라"(고전 12:3). 침체에 빠진 사람들은 자신의 상황에 대한 모든 좋은 평가를 무시하는 경향이 있다. 은혜의 증거에 주목하는 접근은 대개 당장은 큰 도움이 되지 않는 것 같아 보이겠지만, 장기적으로는 가치가 드러날 것이다. 왜냐하면 이런 접근은 침체에 빠진 사람의 주관적인 어둠에 맞서는 객관적인 소망이요 사랑의 행위이기 때문이다.

넷째, 우리는 고통당하는 사람들에게 자신이 하나님과 바른 관계인지에 대한 절대적이며 수학적인 확실성을 요구하는 것은 지나친 요구라는 점을 상기시켜 줄 수 있다. 우리 가운데 삶의 어떤 관계에서도 이런 확실성을 갖고 사는 사람은 없으며, 이 때문에 평안이 깨지지도 않는다. 백스터가 말했듯이 "어떤 아내나 아이도 남편이나 아버지가 자신을 죽이지 않을 것이라고 확신할 수는 없습니다. 그러나 그들은 평안하게 살 수 있으며 그가 자신을 죽일까 두려워하지 않습니다."[5] 바꾸어 말하면, 우리의 삶을 지탱시켜 주는 일종의 확실성이 있으며, 그것으로 충분하다. 그것은 결국 하나님의 선물이다.

남편이 자신을 죽일 것이라거나 밤중에 자식이 다른 자식을 죽일 것이라는 두려움에 휩싸여 있는 여자를 상상해 보자. 그녀를 아무리 설득해도 그런 가능성에 대한 두려움을 몰아낼 수는 없을 것이다. 이성적으로, 수학적으로, 그런 일은 일어날 수 있다. 그러나 '2+2=4'와 같은 절대적인 확실성이 없어도, 수많은 사람들이 그런 일을 전혀 염려하지 않고 평화롭게 살아간다. 확실성은 좋은 경험과 하나님이 주신 자연의 안정성에 뿌리를 두고 있다. 이것은 달콤한 확신이며 하나님의 선물이다. 그러므로 우리는 고통당하는 친구들에게 이렇게 말할 수 있다. "당신이 다른 관계들에 대해 확실성을 요구하지 않듯이 하나님과의 관계에서도 요구하지 마십시오."

여기서 얻는 결론은, 우리 모두가 침체의 어두운 시간에 대비해 절망의 확실성을 믿지 않고 우리 자신을 흔들림없이 튼튼히 해야 한다는 것이다. 절망은 우리가 절망의 비관론이 확실하다고 믿을 때 심각해진다. 그러나 우리는 자신과 다른 사람들의 경험을 통해, 우리가 어둠 가운데서 내뱉는 절대적인 절망의 진술들이 믿을 만한 것이 못 된다는 것을 거듭 확인한다. 어둠의 확실성은 확실하지 못하다. 우리에게 빛이 있을 때, 절망의 확실성에 대한 불신을 기르자.

3장
기쁨과 감사가 없을 때

우리가 입술로 감사하는 것은,
하나님이 자비를 베푸시고 우리의 말을 진정한 감사의 감정으로
채워 주시도록 소망하는 것이다.

어둠의 시기에 하나님을 기다리는 동안, 아무것도 하지 않고 시간을 보내서는 안 된다. 우리가 할 수 있는 것을 해야 한다. **행동**은 하나님이 정해 두신 절망의 구제책일 때가 많다. 고금의 지혜로운 그리스도인 조언자들은 이런 충고를 했다. C. S. 루이스가 "스승"[1]이라고 칭한 조지 맥도널드(George MacDonald)는 이렇게 썼다.

[하나님이] 달라지신 것이 아니라 당신이 달라지기 때문이다. 그분이 당신을 특별히 사랑으로 보듬으시는 것은 당신이 어둠 가운데 있고 빛이 없기 때문이다. 당신이 일어나 "나의 아버지께 돌아가리라" 하고 말할 때 그분은 기뻐하신다.…믿음의 무기를 붙잡고 당신의 어둠에 빛이 일어날 때까지 잠잠히 기다리라. 다시 말하지만, 믿음의 무기를 단단히 붙잡되 행동을 묶어 버리지 말라. 방을 청소하는 것이든, 음식을 준비하는 것이든, 친구를 방문하는 것이든 당신이 해야 하는 일이 무엇인지 생각하고 그것을 하라. 느낌에 마음 쓰지 말고, 당신이 할 일을 하라.[2)]

리처드 백스터는 맥도널드보다 300년 앞서 성경에 근거한, 똑같은 조언을 했다.

여러분에게 육체적인 힘이 있는 한, 합당한 소명을 지속적으로 실현하면서 절대로 게으르게 살지 마십시오. 게으름은 지속적인 죄이며, 노동은 의무입니다. 게으름은 여러분을 유혹하고, 마음을 산란하게 만드는 무익한 생각을 당신에게 집어넣으려는 마귀의 본거지입니다. 노동은 다른 사람들과 우리 자신을 유익하게 하며, 따라서 영혼과 몸 모두 노동이 필요합니다. 엿새는 반드시 일해야 하며 "게을리 얻은 양식"을 먹어서는 안 됩니다(잠 31:13-27). 하나님은 노동을 우리의 의무로 정하셨으며, 그분이 정하신 방법으로 우리에게 복 주실 것입니다. 저는 주로 가정의 일과 소명을 성실하고 부지런하게 실천하는 사람들이 비참하고 절망적인 우울증이 치료되어 경건하고 즐거운 생활을 하는 것을 보았습니다.[3]

행동에서 나오는 힘

맥도널드와 백스터의 조언은 중요한 질문을 제기한다. 그들은 모두 감정을 소홀히 여기는 것으로 보이며, 이렇게 말하는 것 같다. "중요한 것은 당신이 기쁨을 느끼는 것이 아니라 의무를 이행하는 것이다." 그러나 이것은 그들이 뜻한 바가 아닐 것이며, 만약 그들이 그런 의미로 말한 것이라면 나는 강력히 반대한다. 맥도널드가 "느낌에 마음 쓰지 말고, 당신이 할 일을 하라"고 말한 것은 이런 뜻이다. "**잘못된** 느낌이 당신을 지배하지 못하게 하라. 그런 느낌을 거슬러 행동하라. 당신의 느낌이 침대에 그대로 누워 있는 것이 오늘 해야 할 최선이라고 말한다면, 그런 느낌이 얼마나 어리석은 것인지 말하고 선포하라. 이렇게 선포할 때 복음을 잊지 말아야 한다! 잘못된 느낌을 물리치고 침대에서 나오는 것은 성령으로 가능하며, **그리스도 안에서 당신 자신이 되는** 것으로 가능하다는 것을 잊지 말아야 한다. 그런 후에는 당신의 의지를 발휘하여 일어나라!" 나는 이에 확실히 동의한다.

그러나 문제는 더 깊다. 하나님을 기뻐하는 것이 사랑의 기초이며 올바른 삶의 뿌리라면—내가 그렇게 믿듯이—기쁨 없이 계속하는 행위는 미덕일 수 있는가? 두 가지 수준에서 이 질문에 답하겠다.

첫째, 나는 아무리 슬프고 어두운 처지에 있다 하더라도 그리스도인의 기쁨이 완전히 사라지지는 않는다고 말하고 싶다. 즉 그리스도인의 마음에는 기억하고 있는 선(善)에 대한 감각과 선을 버리기 꺼리는 태도로 기쁨의 씨앗이 남아 있다는 뜻이다. 그것은 "말할 수 없는 영광스러운 즐거움으로 기뻐하는"(벧전 1:8) 것은 아니다. 그것은 우리가 한 때 알았으며 싸워서 얻으려 한 기쁨은 아니다. 그러나 그것은 그런 기쁨의 한 조각일 수 있다. 감방에 앉아 빛 바랜 아내의 사진을 꺼내 드는 남자나 자신이 춤을 출 수 있을 때 찍은 동영상을 보는 마비된 교통사고 희생자처럼. 어쩌면 기쁨이 훨씬 심하게 부스러져서, 우리가 마땅히 갈망해야 하는 만큼 하나님을 갈망할 수 없다는 후회스러운 슬픔이라는 형태로 영혼의 지하실에 남아 있을 수도 있다. 그런 슬픔 속에 우리가 알았던 기쁨의 씨앗이 있다.

기쁨이 없는 이들에게 주는 네 가지 조언

내가 하고 싶은 또 다른 대답은, 우리는 어둠이 찾아올 때 자신이나 다른 사람에게 결코 이렇게 말해서는 안 된다는 것이다. "그냥 당신 일을 하세요. 그냥 당신 의무를 다하세요. 당신이 그리스도인처럼 느껴지지 않더라도 그냥 그리스도인처럼 행동하세요." 이것은 그럭저럭 좋은 조언이다. 그러나 문제는 그냥이라는 단어에 있다. 우리는 "그냥 당신 의무를 다하세요"라고만 말할 것이 아니라 다른 네 가지도 말해야 한다.

첫째, 우리는 기쁨이 의무 가운데 일부라고 말해야 한다. 성경은 우리에게 "항상 기뻐하라"고 한다(살전 5:16). 헌금의 의무에 관해서는 "하나님은 **즐겨** 내는 자를 사랑"하신다고 한다(고후 9:7). 예배의 의무에 관해서는 "**기쁨으로 여호와를 섬기**"라고 한다(시 100:2). 긍휼의 의무에 관해서는 "긍휼을 베푸는 자는 **즐거움으로**" 하라고 한다(롬 12:8). 고통의 의무에 관해서는 "**온전히 기쁘게 여기라**"고 한다(약 1:2). 우리가 어떤 사람에게 그의 의무를 중단하라고 하는 것은 하나님의 명령에 물을 타서 희석하는 것에 불과하다.

둘째, 우리가 절망에 빠진 사람에게 "당신이 할 일을 하라"고 할 때 반드시 말해야 하는 것은, 그가 일을 할 때 어쩌면 음울한 믿음의 죄를 고백하고 회개해야 할지도 모른다는 것이다. 주요 원인이 육체적인 것일 때라도 죄악된 교만이나 자기 연민이 섞여 있을 수 있기 때문이다. 이것이 영적 어둠 가운데 있는 사람들에게 짐을 더하는 것처럼 들릴 수 있다는 것을 안다. 그러나 이것은 짐을 **더하는** 것이 아니다. 이것이 짐이라 해도 이미 거기에 있었으므로, 그것을 있는 그대로 말한다고 해서 **더해진** 것은 아니다. 우리가 기뻐하라는 명령을 받았을 때 하나님을 기뻐하지 않는 것은 죄다. 거짓 위로는 인위적인 치유로 이어진다. 그러나 가장 진정한 진단은 가장 깊은 치유로 이어진다. 그러므로 우리는 절망에 빠진 사람들에게 이렇게 말할 수 있다. "할 수 있다면, 잠자리에서 일어나 식사를 준비하거나 방을 청소하거나 산책을 하거나 친구를 방문하거나 일터에 나가십시오. 그러나 당신이 하나님을 기뻐하면서 이런 일을 하는지 그러지 않는지는 매우 중요한 문제입니다. 당신이 하나님을 기뻐할 수 없다면, 그분께 그렇게 말씀드리고 죄송하다고 아뢰십시오. 그분은 자비로운 마음으로 당신의 말을 들으시고 용서해 주실 것입니다."

셋째, 우리는 이렇게 조언할 수 있다. "당신의 의무를 어느 정도 이행할 수 있다면, 그 기쁨을 회복시켜 달라고 기도하십시오. 다시 말해, 다음과 같이 말하면서 가만히 앉아 기쁨을 기다리지 마십시오. '나는 지금 긍휼의 기쁨을 느끼지 못하고 있기 때문에 내가 오늘 긍휼의 행위를 한다면 위선자가 될 거야.'" 그렇지 않다. 그 기쁨이 당신의 의무라는 것을 안다면, 당신에게 그 기쁨이 없는 것을 회개한다면, 당신이 긍휼을 베푸는 동안에도 그 기쁨을 회복시켜 달라고 하나님께 간절히 기도한다면, 당신은 위선자가 되지 않을 것이다. 이것은 위선자의 사고방식이 **아니다**. 진정한 그리스도인이 기쁨을 위해 싸울 때 생각하는 방식이다.

넷째, 우리가 낙심한 그리스도인들에게 일어나 선한 일을 하라고 조언할 때 말해야 하는 내용은 이런 것이다. "당신이 일을 할 때 그분이 당신에게 최소한 일할 의지를 주신 것을 잊지 말고 하나님께 감사하십시오. 마음으로 감사가 **느껴지지** 않을 때 입술로 하나님께 감사하는 것은 위선이라고 말하지 마십시오." 위선적인 감사라는 것이 있기는 하다. 그 목적은 은혜를 모르는 본심을 숨기고 사람들에게 칭찬을 받으려는 것이다. 우리가 입술로 감사하는 것은 이런 목적이 아니다. 하나님이 자비를 베푸시고 우리의 **말**을 진정한 감사의 **감정**으로 채워 주시도록 소망하는 것이다. 우리는 사람들에게 칭찬받으려는 것이 아니다. 우리는 하나님의 자비를 바라고 있다. 우리는 은혜를 모르는 **뻔뻔함**을 숨기려는 것이 아니라 성령의 침노를 소망하는 것이다.

입술의 감사와 마음의 감사

더욱이 우리는 절망한 성도에게 이렇게 물어야 할 것이다. "당신이 입술로 감사하는 것이 전혀 마음에 없는 소리라는 것을 확신할 만큼 당신의 마음을 잘 알고 있나요?" 나는 나의 동기에 대한 나 자신의 평가를 믿지 않는다. 나는 내가 나쁜 영향을 모두 알아볼 만큼 선한 동기를 잘 알고 있는지 의심스럽다. 그리고 내가 은혜의 영향을 모두 알아볼 만큼 잘못된 동기를 잘 알고 있는지도 의심스럽다. 그러므로 그리스도인들이, 자신이 거의 또는 전혀 느끼지 못하더라도 하나님의 선하심을 선포하고 노래할 때 자신의 마음에 감사의 조각이 있다고 생각하는 것은 어리석은 것이 아니다.

여기에 또 하나 덧붙여야 할 것이 있다. 대개 옳은 일을 **행하는** 것이야말로 옳은 틀 안에 **존재하는** 길이라는 것을, 사람들의 경험이 보여 준다는 것이다. 그러므로 백스터는 억눌린 그리스도인들에게 지혜롭게 조언했다.

당신의 시간 대부분을 하나님께 감사하고 그분을 찬양하는 데 쓰겠다고 결심하십시오. 당연히 그렇게 해야 하지만, 기쁨으로 그렇게 할 수 없다면, 할 수 있는 만큼만 하십시오. 여러분에게는 평안의 힘은 없지만 혀의 힘은 있지 않습니까? 여러분에게 찬양하고자 하는 마음이 없고 여러분이 하나님의 자녀가 아닌 경우에는 감사하고 찬양하기에 적합하지 않다고 말하지 마십시오. 선하든 악하든 모든 인간은 하나님을 찬양해야 하며, 자신이 받은 모든 것으로 인해 감사해야 하며, 아무것도 하지 않고 가만히 앉아서가 아니라 최선을 다해서 해야 하기 때문입니다.…최선을 다해 하나님께 감사하고 그분을 찬양하는 것이 감사와 찬양을 더 잘 할 수 있는 방법입니다. 입술로 감사하면 마음에서 감사가 일어납니다.[4]

4장

고백하지 않은 죄

죄를 고백하고 포기할 때 오는 믿기 어려울 만큼
놀라운 소망은, 우리가 죄를 고백하고 포기할 때
주님이 그 죄를 우리의 면전에 드러내시지 않고
지워 버리신다는 것이다.

우리가 떨쳐 버리기를 꺼리며 비밀스럽게 간직한 죄가 영적 어둠의 원인 가운데 하나일 수 있다. 나는 이 책을 쓰는 내내 기쁨을 추구하는 것은 죄를 미워하는 것을 함축한다고 생각했다. 죄는 기쁨을 무너뜨린다. 죄는 거짓 기쁨을 주지만, 결국은 기쁨을 죽인다. 우리는 자신의 죄를 다루면서 두 가지 실수를 할 수 있다. 하나는, 죄를 가볍게 여기는 것이다. 다른 하나는, 그 죄에 압도되는 것이다. 기쁨을 위한 싸움에서 우리는 죄를 심각하게 여기고, 죄를 미워하며, 죄를 포기하고, 그리스도를 죄의 책임과 권세로부터 구원하시는 유일한 구원자로 믿어야 한다.

어떤 사람들이 오랫동안 어둠의 시기를 보내며 고생하는 이유 가운데 하나는 마음속에 간직한 어떤 죄를 포기하려 하지 않기 때문이다. 예수님과 사도 바울과 다윗 모두 고백하지 않은 죄가 하나님을 기뻐하는 것을 어떻게 방해하는지 말했다. 예수님은 이렇게 말씀하셨다. "그러므로 예물을 제단에 드리려다가 거기서 네 형제에게 원망 들을 만한 일이 있는 것이 생각나거든 예물을 제단 앞에 두고 먼저 가서 형제와 화목하고 그 후에 와서 예물을 드리라"(마 5:23-24). 우리가 사람에게 범한 죄를 고백하기를 거부하는 것은, 하나님과의 교제에서 오는 기쁨에 찬물을 끼얹는 것이다. 베드로는 이것을 결혼 생활과 연관지어, 남편이 아내에게 죄를 지으면 그의 기도가 방해를 받을 것이라고 했다(벧전 3:7). 우리가 그리스도 안에서 하나님을 만나고 즐거워하는 기쁨을 누리기 원한다면 죄와 화해해서는 안 된다. 우리는 죄와 전쟁해야 한다.

다윗이 고백하지 않아서 용서받지 못한 죄 때문에 어떤 일을 겪었는지 귀를 기울여 보라. "마음에 간사함이 없고 여호와께 정죄를 당하지 아니하는 자는 복이 있도다. 내가 **입을 열지 아니할 때에 종일 신음하므로 내 뼈가 쇠하였도다**"(시 32:2-3). 이 구절들은 소망을 가득 담고 있다. 우리는 자신의 죄에 집착하고, 그 죄를 비밀로 간직하며, 어둠 속에서 "종일 신음할" 수 있다. 반대로 죄를 고백하고 "여호와께 정죄를 당하지 아니하는 자"가 될 수도 있다.

죄를 고백하고 포기할 때 오는 믿기 어려울 만큼 놀라운 소망은, 우리가 죄를 고백하고 포기할 때 주님이 그 죄를 우리의 면전에 드러내시지 않고 지워 버리신다는 것이다. 그분은 우리의 죄를 가지고 우리에게 따지지 않으신다. 갈보리의 이편에서, 우리는 어떻게 정의로운 하나님이 그렇게 하실 수 있는지 알고 있다. 그리스도가 그 죄에 대한 하나님의 진노를 담당하셨다(갈 3:13). 우리가 담당할 필요가 없다. 계산은 끝났다. 그러므로 우리는 비밀스럽게 간직한 어떤 죄도 고백하고 버리기를 두려워해서는 안 된다. 우리는 수치를 당하지 않을 것이다. 그리스도가 그분의 의를 우리에게 입히시기 때문이다(고후 5:21).

고백은 달콤한 자유

우리 영혼의 깊고도 무의식적인 악행과 고의로 지은 죄를 생각하며, 우리는 시편 19:12-13의 말씀으로 기도해야 한다. "자기 허물을 능히 깨달을 자 누구리요? 나를 숨은 허물에서 벗어나게 하소서. 또 주의 종에게 고의로 죄를 짓지 말게 하사, 그 죄가 나를 주장하지 못하게 하소서. 그리하면 내가 정직하여 큰 죄과에서 벗어나겠나이다." 우리에게는 자신의 잘못이 무엇인지 모르기 때문에 고백조차 할 수 없는 **숨겨진** 잘못이 있다. 그런가 하면 우리에게는 자신이 아는 죄가 있다. 성경에 이 둘을 모두 포함하는 기도가 있다는 것은 좋은 소식이다. 내가 알지 못하는 죄에서 "나를 벗어나게 하시며"(그리스도의 피로), 내가 아는 죄를 "주의 종으로…짓지 말게 하소서"(그리스도의 능력으로). 당신이 죄를 포기하고 죄와 맞서 싸우는 대신 죄에 집착한다면, 어둠은 우상들을 소중히 여긴 결과를 증언하는 가혹하고도 자비로운 증인이 될 것이다.

당신의 죄를 하나님께 속삭이는 것으로 만족하지 말라. 이것은 좋은 것이다. 매우 좋은 것이다. 그러나 하나님은 한 걸음 더 나아가라고 말씀하신다. "너희 죄를 서로 고백하며 병이 낫기를 위하여 서로 기도하라"(약 5:16). 은밀한 곳에서 당신의 마음을 하나님께만 고백할 뿐 아니라 믿을 수 있는 친구나 당신이 상처를 입힌 사람에게 고백할 때 해방과 치유가 일어난다. "미안해요. 저를 용서해 주시겠어요?"라는 부드러운 말이 기쁨으로 가는 가장 확실한 길 가운데 하나다.

사탄의 공격

당신이 어둠 속에 있을 때 마귀가 하는 역할에 대해 묻는다면, 나는 이렇게 대답할 것이다. 마귀에게 합당한 역할을 인정하되, 그 이상은 인정하지 말라. 마귀와 그의 종들은 가끔씩 일하는 것이 아니라 **항상** 일하고 있다. 그가 끈질기게 공격한다는 **사실**에 대해서는 이견이 없다. 바울은

"믿음의 방패를 가지고 이로써 능히 악한 자의 모든 불화살을 소멸하는"(엡 6:16) 것이 그리스도인의 싸움에서 일반적인 요소라고 생각한다. 베드로는 우리에게 이렇게 권한다. "근신하라. 깨어라. 너희 대적 마귀가 우는 사자같이 두루 다니며 삼킬 자를 찾나니 너희는 믿음을 굳건하게 하여 그를 대적하라"(벧전 5:8-9). 이 모든 것은 일반적이다. 그러나 마귀의 공격은 부드러운 유혹에서 살인에 이르기까지 다양하다. 예수님은 마귀를 가리켜 "처음부터 살인한 자"(요 8:44)라고 말씀하셨다. 마귀는 고통스러운 박해를 일으키며 심지어 그리스도인들을 죽이기까지 하는 힘을 지녔다(계 2:10).

공격받고 있는 이들에게 주는 세 가지 위로

그러나 사탄의 공격 앞에서도 위로를 주는 세 가지 사실이 있다. 첫째, 사탄은 하나님의 주권적인 허락 없이는 아무것도 하지 못한다(욥 1:12; 2:6). 이러한 주권적인 허락은 하나님의 무한한 지혜와 언약하신 사랑에 좌우된다. 따라서 사탄의 종들은 거룩하게 하시는 하나님의 특사가 된다(고후 12:7-10). 그러므로 사탄이 당신의 어둠에 관여한다고 하더라도, 그는 사랑하는 당신의 아버지께서 허락하시는 것 이상을 할 자유가 없으며, 하나님은 그가 하는 일을 당신에게 유익하게 바꾸실 것이다(눅 22:31-32).

둘째, 예수님은 우리의 죄를 위해 죽으심으로써 사탄의 파괴하는 권세에 결정적인 타격을 가하셨다(골 2:15; 히 2:14). 이는 사탄이 우리를 공격할 수 있고 심지어 죽일 수도 있지만, 우리를 멸망시킬 수는 없다는 뜻이다. 오직 용서받지 않은 죄만이 인간의 영혼을 파괴할 수 있다. 그리스도가 그분의 피로 우리의 모든 죄를 덮으셨고, 하나님이 그리스도의 완전한 의를 우리에게 전가하신다면, 사탄은 결코 우리를 고소할 근거가 없으며 그가 하늘의 법정에서 제기하는 고소는 실패로 돌아간다. "누가 능히 하나님께서 택하신 자들을 고발하리요? 의롭다 하신 이는 하나님이시니 누가 정죄하리요? 죽으실 뿐 아니라 다시 살아나신 이는 그리스도 예수시니"(롬 8:33-34).

셋째, 그리스도인들이 억압하고 어둠에 몰아넣고 속이

는 사탄의 역사에서 벗어나는 일은 진리의 능력으로 이루어질 때가 가장 많으며, 축귀(逐鬼)를 통해 이루어지는 경우는 극히 드물다. 나는 귀신 들린 사람을 보았으며, 귀신을 쫓아내는 극적인 현장에 있었던 적도 있다. 나는 그 사람이 놓임을 받기 전에는 그리스도인이 아니었다고 믿는다. 성령은 그 마음에 그리스도가 거하시는 사람에게는 완전히 귀신에게 지배받는 것을 허락하지 않으실 것이다. 그러나 사면에서 공격과 괴롭힘을 당하는 그리스도인들에게는 그 차이가 별로 중요하지 않을 것이다. 전투는 치열할 수 있다. 대체로 디모데후서 2:25-26의 사역이 필요하다.

주의 종은 마땅히 다투지 아니하고 모든 사람에 대하여 온유하며 가르치기를 잘하며 참으며, 거역하는 자를 온유함으로 훈계할지니 혹 하나님이 그들에게 회개함을 주사 진리를 알게 하실까 하며, 저희로 깨어 마귀의 올무에서 벗어나 하나님께 사로잡힌바 되어 그 뜻을 따르게 하실까 함이라.

온유하게 대하며 훈계하고 사랑하며 **진리**를 가르치는 것은, 하나님이 회개와 **진리**—특히 우리를 죄와 진노와 죽음과 사탄에게서 구원하시기 위해 예수님이 죽으시고 부활하신 복음의 진리—를 아는 지식을 허락하시는 과정이며, 그 결과는 마귀의 결박에서 벗어나는 것이다. 마귀는 진리와 빛에 거할 수 없다. 그는 본질상 거짓말쟁이이며 속이는 자다. 그는 어둠 속에서 활개를 친다. 그러므로 우리가 하나님의 은혜로 진리의 온전한 능력으로 신자의 어둠을 비출 수 있다면, 마귀는 그 빛을 견디지 못할 것이다. 선하고 견고한 성경의 가르침은 마귀의 어두운 권세에서 벗어나는 데 결정적인 역할을 한다.[1)]

5장

자기중심적인 생활

사람들이 어둠 속에 있는 원인 가운데 하나는
서서히 침투하는 자기중심적인 사고와 편협함이다.
그것을 극복할 방법은 현재 관심사보다 훨씬 큰
삶의 비전을 점진적으로 받아들이는 것이다.

이따금 우리 영혼이 어둠에 빠지는 것은, 명백하게 죄악되지는 않지만 편협하고 부주의한 생활방식에 부분적으로 원인이 있는 경우가 있다. 우리가 사는 세상은 자신과 가족에 대한 타산적인 관심이 전부가 되어 버렸다. 윤리는 정의와 자비와 선교에 관한 세계적 관심사에서, 피해야 할 나쁜 것들에 대한 사소한 목록으로 축소되었다. 우리는 대의를 위해 열심을 내지 않으며, 항상 자신의 여가를 극대화하고 스트레스를 피하려는 생각만 한다. 우리는 무의식적으로 지극히 자기중심적이 되었으며, 자신보다 못한 상황에 있는 세상의 고통과 아픔에 무관심하게 되었다.

역설적으로, 침체된 사람들은 자기 앞가림을 해야 하기 때문에 세상의 문제에 마음 쓸 수 없다고 말할 것이다. 그러나 사실은, 점점 더 자기중심화 되어 가는 삶이 침체를 부추기고 있다. 몇 해 전에 빌 레슬리(Bill Leslie)가 미니애폴리스에 와서 자신의 이야기를 들려주었을 때 이것을 깨달았다. 빌 레슬리는 1961년부터 1989년까지 일리노이 주 시카고에 있는 라살레 스트리트 교회(LaSalle Street Church)를 담임했는데, 61세였던 1993년에 심장마비로 죽었다. 그의 목회 특징은 시카고의 도시 생활 속에서 전인(全人)에 관심을 가진 것이었다. "크리스채너티 투데이"(*Christianity Today*) 지는 "온정 전도"(Compassionate Evangelism)에 관한 글에서 레슬리를 "초창기 통전적 목회 지도자들" 가운데 한 사람으로 꼽았다.[1]

마르지 않는 샘

그는 자신이 어떻게 파멸 직전까지 갔으며, 영적 멘토가 이사야 58장으로 자신을 어떻게 인도했는지 들려주었다. 그는 고갈과 소진과 사역의 막다른 골목에 다다른 듯한 느낌이 두드러졌던 어둠의 시기에 자신을 구해 낸 것은 10-11절이었다고 했다.

네가 너의 정성을 굶주린 사람에게 쏟으며, 불쌍한 자의 소원을 충족시켜 주면, 너의 빛이 어둠 가운데서 나타나며, 캄캄한 밤이 오히려 대낮같이 될 것이다. 주님께서 너를 늘 인도하시고, 메마른 곳에서도 너의 영혼을 충족시켜 주시며, 너의 뼈마디에 원기를 주실 것이다. 너는 마치 물 댄 동산처럼 되고, 물이 끊어지지 않는 샘처럼 될 것이다. (새번역)

레슬리 목사에게 그렇게도 강력한 충격을 준 것은, 우리가 다른 사람들을 위해 자신을 헌신하면 하나님이 우리를 "물 댄 동산"처럼 만들어 주시겠다고—우리가 원기를 회복하고 기쁨을 얻는 데 필요한 물을 얻게 되리라고—약속하신다는 사실이었다. 더 나아가 우리가 그렇게 할 때 우리는 물이 마르지 않는 "샘"이 될 것이다. 다른 사람들을 위한 마르지 않는 샘. 힘에 부치고 소모적이며 진을 빼며 자신을 주어야 하는 도시 목회를 위한 마르지 않는 샘. 그는 하나님이 침울함을 걷어 내시고 어둠을 빛으로 바꾸시는 방법은 "너의 정성을 굶주린 사람에게 쏟으며, 불쌍한 자의 소원을 충족시켜 주는" 것이라는 사실을 깨달았다. 이런 깨달음 덕에 그는 남은 생애 동안 영적 어둠의 위기를 헤치고 경건한 삶을 이어 갈 수 있었다.

하나님은 다른 사람들을 위해 살 때 번영하도록 우리를 지으셨다. 예수님은 "주는 것이 받는 것보다 복이 있다"(행 20:35)고 말씀하셨다. 우리는 대부분 이렇게 베푸는 삶을 살지 않겠다고 **선택하지는** 않는다. 그저 그런 삶에서 **떠밀려** 내려갈 뿐이다. 사실 힘겨운 가정생활과 직장에서 받는 스트레스 가운데 많은 부분은 굶주리고 고통당하며 죽어가는 사람들의 필요를 채워 주는 것과는 거의 관계가 없는데도, 우리는 그것을 그리스도인의 희생과 혼동한다.

내 말을 주의 깊게 들어주기 바란다. 이것이 모든 낙담이나 침체에 대한 원인 진단은 아니다. 만약 그랬다면, 희생하는 삶을 사는 종들은 결코 낙심하지 않을 것이다. 그러나 그들도 낙심하며 절망한다. 내가 말하려는 요점은, 어떤 사람들이 어둠 속에 있는 원인 가운데 **하나**는 서서히 침투하는 자기중심적인 사고와 편협함이라는 것이다. 그것을 극복할 방법은 우리의 현재 관심사보다 훨씬 더 큰 삶의 비전을 점진적으로 받아들이는 것이다. 어떤 것들은 우리의 생활 일정 때문에 받아들이기 힘들 것이다. 그러나 건강과 기쁨을 회복할 때, 우리는 꿈도 꾸지 못했을 만큼 많은 것들을 할 수 있을 것이다.

믿음을 나눌 때 나타나는 결과

믿지 않는 사람들에게 말과 행동을 통해 믿음을 나눌 때 나타나는, 생명과 기쁨을 낳는 결과를 구체적으로 소개하고 싶다. 얼마 전에 나는 85세가 되신 아버지께 전화를 걸어 이렇게 말씀드렸다. "아버지, 요즘 기쁨을 위해 싸우는 법에 관한 책을 쓰고 있습니다. 아버지는 60년 동안 목회를 하셨는데, 그리스도인들이 더 기뻐하기 위해 어떤 것을 할 수 있을지 마음속에 떠오르는 것이 있으세요?" 아버지는 주저없이 "자신의 믿음을 나누는 거야"라고 말씀하셨다. 그리스도를 기뻐하는 기쁨은 나눌 때 커진다. 이것이 그리스도인의 기쁨의 본질이다. 그리스도인의 기쁨은 넘쳐흐르거나 말라 버리거나 둘 중 하나다.

수많은 그리스도인들이 그리스도를 공개적으로 전하지 않으면서도 그다지 죄책감을 느끼지 않고 살아간다. 그들은 도덕적으로 깨끗하게 사는 것이 그리스도를 증언하는 것이라고 자신을 설득하려 한다. 이런 생각에는 문제가 있다. 왜냐하면 불신자들 가운데도 도덕적으로 깨끗한 사람이 무수히 많기 때문이다. 그리스도인들은 믿음을 나누지 않는 데 대해 계속 불편을 느낄 것이며 느껴야 한다.

그리스도는 세상에서 가장 영광스러운 분이다. 그분이 이루신 구원은 무한한 가치가 있다. 세상 모든 사람에게 그 구원이 필요하다. 예수님을 믿지 않는 사람들에게는 무서운 결과가 따른다. 오직 은혜로 우리는 그분을 보았으며,

그분을 믿었으며, 이제 그분을 사랑한다. 그러므로 믿지 않는 사람들에게 그리스도를 전하지 않고 우리가 사는 도시나 세계의 미전도 종족들에게 관심을 두지 않는 것은, 그리스도의 가치, 사람들의 위태로운 처지, 우리의 기쁨과 너무나 모순된다. 그리고 사실상 이러한 우리의 행동은 구원자와 구원이 우리가 말하는 것만큼 우리에게 의미가 없다는 조용한 메시지를 날마다 우리 영혼에게 전하는 것이다. 이런 끈질긴 메시지 앞에서 그리스도를 계속해서 크게 기뻐하는 것은 불가능하다.

복음을 전할 때 견고해지는 기쁨

나는 이것이 침체된 사람에게 죄책감을 더하는 것처럼 느껴지리라는 것도 알고 있다. 이것은 더해진 것이 아니다. 이미 있는 것이다. 이것을 숨기는 것은 질병에 대한 진단을 일부 숨기는 것과 같다. 예수님은 충격적인 사실을 말씀하셨으며, 이를 숨기는 것은 결국 누구에게도 도움이 되지 않을 것이다. "누구든지 사람 앞에서 나를 시인하면 나도 하늘에 계신 내 아버지 앞에서 그를 시인할 것이요, 누구든지 사람 앞에서 나를 부인하면 나도 하늘에 계신 내 아버지 앞에서 그를 부인하리라"(마 10:32-33). 예수님이 이 말씀을 하신 것은 우리에게 무거운 짐이나 힘든 멍에를 지우시려는 의도가 아니다. "수고하고 무거운 짐 진 자들아, 다 내게로 오라. 내가 너희를 쉬게 하리라. 나는 마음이 온유하고 겸손하니 나의 멍에를 메고 내게 배우라. 그리하면 너희 마음이 쉼을 얻으리니 이는 내 멍에는 쉽고 내 짐은 가벼움이라"(마 11:28-30).

복음이 좋은 소식이 되게 하는 것은, 그리스도가 텔레비전에 빠진 우리 삶에서 묻혀 버리더라도 기쁨이 사라지지 않으리라는 것이 아니다. 복음이 좋은 소식이 되게 하는 것은, 하나님이 오래 고통당하시며 우리를 기꺼이 용서하시고 우리와 함께 거듭 다시 시작하신다는 사실이다. 침체된 사람이 쉽사리 밖으로 나가 주님의 기쁨을 선포하기는 힘들다. 그러나 은혜와 용서로 조금씩 생명이 견고해지며, 마침내 예수님의 변호인과 증인이 되는 것이 숨 쉬는 것—그리고 생명을 주는 것—과 같아지는 데까지 이를 것이다. 우리의 싸움은 그리스도를 충만하게 기뻐하여, 그 기쁨에서 그리스도를 전하는 말이 흘러 넘치게 하는 것이다.[2]

평신도 선고 운동(Laymen's Ministry Movement)의 총무였던 캠벨 화이트(J. Campbell White)는 1909년에 이렇게 말했다.

> 대다수 사람들은 자신들의 삶에 따르는 결과에 만족하지 않는다. 세상을 구속하러 오신 그리스도의 목적을 받아들이는 것 외에는 그 무엇도, 그리스도의 제자들 속에 있는 그리스도의 생명을 온전히 만족시킬 수 없다. 명예와 쾌락과 부는 하나님의 영원한 계획을 성취하기 위해 그분과 함께 일하는 무한하고 영원한 기쁨에 비하면 껍데기와 재에 불과하다. 생명을 주는 그리스도의 약속에 모든 것을 맡기는 사람들은 가장 감미롭고 가장 귀중한 보상을 얻을 것이다.[3]

어둠의 한가운데 있는 성도들은 그런 세계적인 꿈을 추구할 만한 힘이 없을 것이다. 그러나 하나님의 자비 가운데서는 가능하다. 우리는 빛이 밝아 오기를 기다리면서 우리가 잘 하고 싶은 것을 서투르게나마 할 수 있다. 우리는 중국 교회에 관한 짧은 글을 읽을 수 있다. 또는 복음 때문에 많은 고난을 겪은 선교사에 관한 이야기를 들을 수 있다. 또는 선교사 가족에게 우리가 어떻게 은혜를 붙들고 있는지 편지를 쓰고 그들을 위한 짧은 기도도 적어 보낼 수 있을 것이다.

6장
애정 어린 보살핌

뉴턴은 은혜의 샘,
곧 예수 그리스도의 십자가에 심취해 있었다.
그는 기쁨에 차 있었고,
그의 기쁨은 기쁨이 없는 사람들에게로 넘쳐흘렀다.

영혼의 어두운 밤을 지나고 있는 대다수 사람들에게 변화가 일어나는 것은, 하나님이 자신의 삶을 포기하지 않는 사람들에게 흔들림 없이 그리스도를 사랑하는 사람들을 보내 주시기 때문일 것이다. 우울증의 원인과 치료에 관한 리처드 백스터의 설교를 보면, 침체된 자들의 짐을 나누어 지는 방법에 관해 교회에게 주는 조언이 곳곳에 있다. 그는 이렇게 말한다. "그들을 위로하기에 가장 적합한 복음의 위대한 진리를 그들 앞에 자주 제시하십시오. 그리고 그들에게 정보와 위로를 주는 책들을 읽어 주십시오. 사랑을 나누며 그들과 더불어 즐겁게 생활하십시오."[1] 절망한 성도들이 성경이나 좋은 책을 읽을 수 없다면, 우리가 그들에게 읽어 주어야 한다.

위대한 사랑으로 쿠퍼를 보살핀 존 뉴턴

침체된 친구를 향한 끈질긴 사랑을 보여 준 좋은 본으로 "나 같은 죄인 살리신"(Amazing Grace)이라는 찬송가를 작시한 영국의 존 뉴턴(John Newton)을 들 수 있다.[2] 그는 18세기의 가장 건강하고 행복한 목회자들 가운데 한 사람이었다. 그 찬송은 우리에게 잘 알려진 몇몇 찬송가를 작시한 윌리엄 쿠퍼(William Cowper)라는, 자살 충동을 느끼던 시인에게 생명을 주었다. 뉴턴은 은혜의 샘, 곧 예수 그리스도의 십자가에 심취해 있었다. 그는 기쁨에 차 있었고, 그의 기쁨은 기쁨이 없는 사람들에게로 넘쳐흘렀다. 뉴턴이 어떤 사람인지 알고 싶다면 그의 삶에 대한 간증에 귀를 기울여 보라.

> 인간의 행복과 불행이라는 두 더미가 있다. 지금 내가 한 더미에서 가장 작은 조각을 떼어 다른 더미에 더할 수 있다면 나는 뭔가를 이룬 것이다. 내가 집으로 돌아가는 길에 한 아이가 반 페니짜리 동전을 잃어버린 것을 보고 그 아이에게 다른 동전을 주어 그의 눈물을 닦아 줄 수 있다면 나는 뭔가를 했다고 느낄 것이다. 나는 더 큰 일들을 기뻐하겠지만 이런 일도 게을리하지 않을 것이다. 누군가 내 서재 문을 두드리는 소리가 들릴 때, 나는 하나님의 메시지를 듣는다. 그것은 가르침의 수업이 될 수도 있고 인내의 수업이 될 수도 있다. 그러나 그것은 그분의 메시지이기 때문에 반드시 흥미로울 것이다.[3]

1767년, 뉴턴이 올니(Olney)에서 목회를 하고 있을 때 36세였던 윌리엄 쿠퍼를 알게 되었다. 쿠퍼는 이미 정신적으로 완전히 무너져 있었으며 세 번이나 자살을 시도한 전력이 있었다. 그는 세인트 앨번 정신병원에 수용되었다. 거기서 너대니얼 코튼(Nathaniel Cotton) 박사의 애정 어린 보살핌을 통해, 그리고 로마서 3:25의 복음을 접하고 회심하는 사건을 통해 하나님은 그를 만나 주셨다.

> 나는 즉시 그것을 믿을 힘을 얻었고, 의의 태양 광선이 나를 비추었다. 나는 그분이 이루신 완전한 대속과 그분의 피로 나에게 인친 용서와 그분의 충만하고 완전한 의를 보았다. 나는 한순간에 믿고 복음을 받아들였다.[4]

쿠퍼는 세인트 앨번 정신병원에서 퇴원한 후 올니에서 가까운 교구에 속한 언원(Unwin) 씨 집으로 거처를 옮겼다. 언원 씨가 죽자, 뉴턴은 그 가족을 위로하러 갔다. 쿠퍼는 언원 부인과 함께 올니로 거처를 옮겨 뉴턴이 섬기는 교회에 출석하도록 권유받고 큰 힘을 얻었다. 그 후 13년 동안, 뉴턴은 쿠퍼의 뒤엉킨 영혼의 정원을 돌보았다. 쿠퍼는 이렇게 말했다. "그보다 더 신실하거나 더 다정한 친구는 또 없을 것이다."[5]

그곳에 있는 동안, 쿠퍼는 영적 절망의 시기에 빠졌으며 자신이 하나님께 완전히 버림받고 잃어버린 자가 되었다고 느꼈다. 이런 절망은 1800년 그가 죽을 때까지 계속되었다. 그는 또다시 여러 차례 자살을 시도했으며, 그때마다 하나님이 그분의 섭리로 막으셨다. 뉴턴은 내내 그의 곁을 지켰으며, 한번은 그를 혼자 두지 않으려고 휴가를 포기하기도 했다.

1780년에 뉴턴은 올니를 떠나 런던의 새로운 목회지로 갔으며, 그곳에서 27년 동안 목회를 했다. 물론 뉴턴 자신에게는 어려운 일이 아니었겠지만, 쿠퍼와의 우정을 포기하지 않았다는 사실은 대단한 것이다. 두 사람은 20년간 열성으로 편지를 주고받았다. 쿠퍼는 다른 누구에게도 그렇게 하지 못했지만 뉴턴에게만큼은 자신의 마음을 쏟아 놓았다.

쿠퍼는 마지막까지도 안정을 찾지 못했다. 그의 마지막은 행복하지 못했다. 1800년 3월, 쿠퍼는 왕진 온 의사에게 이렇게 말했다. "말로 표현할 수 없는 절망을 느낍니다." 4월 24일, 페로윈(Perowne)이 그에게 음식을 가져다주자 그는 이렇게 말했다. "이게 다 무슨 소용이 있겠어요?" 그는 더 이상 아무 말도 하지 않았고 그 다음 날 오후에 죽었다.[6]

마지막까지 뉴턴은 쿠퍼에게 편지를 쓰고 그를 거듭 방문하면서 그의 목자이자 친구로 남았다. 그는 절망시키는 친구에게 절망하지 않았다. 1788년 어느 날, 뉴턴이 다녀간 후에 쿠퍼는 이렇게 편지를 썼다.

신부님의 방문에 위로를 얻었습니다. 이전에 정말 즐거웠던 우리의 대화가 조금은 되살아난 것 같습니다. 저는 신부님을 압니다. 신부님은 저를 광야에서 이끌어 내어 목자장께서 그분의 양떼를 먹이시는 풀밭으로 저를 인도하기 위해 보냄받은 동일한 목자라는 것을 압니다. 그리고 저는 신부님에 대해 언제나 변함없는 따뜻한 우정을 느낍니다.[7]

기쁨을 위해 싸우도록 서로 도우라

침체된 사람이 하나님께 버림받았다는 생각에 굳게 사로잡혀 있다면 그 사람이 버림받지 않았다는 것을 그에게 확신시키기는 불가능할 것이다. 그러나 우리는 그의 곁에 있을 수 있다. 그리고 뉴턴이 쿠퍼에게 했듯이, 우리도 예수님의 "박애와 긍휼과 선하심과 불쌍히 여기심"과 "충분한 내속"과 "그리스도의 완전한 칭의"를 그에게 들려줄 수 있다.[8] 그는, 쿠퍼가 그랬던 것처럼 그리스도의 위로가 놀랍기는 하지만 자신을 위한 것은 아니라고 말할 것이다. 그러나 하나님의 시간으로 보면, 아직 이러한 진리들이 소망을 깨우며 양자의 영을 낳을 힘을 얻지 못한 것일 수도 있다. 어쩌면 이러한 진리들은 평안의 근거가 없는 상황에서조차 볼 수 없을 만큼 작은 믿음의 겨자씨를 지키는 신비로운 방법으로 쓰일 수 있을 것이다.

나는 기쁨을 위한 쿠퍼의 싸움이 어떻게 끝났는지 모른다. 그러나 내가 아는 것은, 참된 성도들도 어둠의 시간을 맞으며 그 속에서 죽기도 하지만, 그렇다고 그것이 그들이 거듭나지 못했다거나 어둠 가운데서 주권적인 은혜의 보호를 받지 못했다는 증거는 결코 아니라는 것이다. 하나님이 그분의 자녀들을 자신이 버림받았다고 느끼도록 놓아 두시는 데는 이유가 있다. 실로 그분은 십자가에서 자신의 귀한 아들을 저버리셨다. "나의 하나님, 나의 하나님, 어찌하여 나를 버리셨나이까"(마 27:46). 그리고 우리는 그 이유가 그분과 우리를 위한 사랑을 온전하게 하기 위해서였다는 것을 안다.

하나님이 하시는 일에는 이유가 있다. 그분이 가장 가까운 친구에게 순교를 허락하시는 데도 이유가 있다. 베드로가 가장 좋은 예이다. 예수님은 부활하신 후에 베드로에게 이렇게 말씀하셨다. "내가 진실로 진실로 네게 이르노니, 네가 젊어서는 스스로 띠 띠고 원하는 곳으로 다녔거니와 늙어서는 네 팔을 벌리리니 남이 네게 띠 띠우고 원하지 아니하는 곳으로 데려가리라. 이 말씀을 하심은 베드로가 어떠한 죽음으로 하나님께 영광을 돌릴 것을 가리키심이러라. 이 말씀을 하시고 베드로에게 이르시되 나를 따르라 하시니"(요 21:18-19). 다시 말해, 예수님은 베드로가 죽을 것이며, 십자가에 못 박힐("네 팔을 벌리리니") 것이라고, 그리고 그것은 결코 헛되지 않을 것이라고 말씀하신 것이다. 그것은 하나님의 영광을 위한 것이었다.

그러나 우리는 대개 하나님이 왜 우리에게 어둠과 고통의 시기를 허락하시는지, 더 자세한 이유는 알지 못한다. 가이우스 데이비스는 이런 이야기를 들려주었다.

윈스턴 처칠은 가끔 그의 '우울증'에 대해 이야기했다. 그는 생애 많은 시간을 우울증으로 고생했지만 그래도 이겨 냈다. 처칠이 예순이라는 나이에 나치에게 위협을 느낀 사람들을 결집할 수 있었던 것은 그가 어두운 시절을 겪었기 때문이라고들 한다. 역경의 경험이 있었기에 그는 세계를 폭군의 어둠에서 구하는 데 기여한 지도자가 될 수 있었다.⁹⁾

그러나 쿠퍼는 전쟁에서 한 나라를 승리로 이끌 만큼 위대한 업적을 남기지 못했다. 그는 불행하게 죽었다. 그의 '우울증'은 무슨 유익이 있었는가? 마지막 판단은 우리 몫이 아니다. 그러나 내게는 작은 증언이 있다. 그의 싸움이 없었다면, 그는 "샘물과 같은 보혈은"(There Is a Fountain Filled with Blood)이라는 찬송가를 작시해서, 죄를 지어 자신의 삶을 망쳤다고 두려워하는 수많은 죄인들에게 소망을 주지 못했을 것이다.

저 도적 회개하고서 보혈에 씻었네.
저 도적 같은 이 몸도 죄 씻기 원하네.

죄 씻기 원하네, 죄 씻기 원하네.
저 도적 같은 이 몸도 죄 씻기 원하네.**10)**

그리고 그런 싸움이 없었다면 그는 "주 하나님 크신 능력"(God Moves in a Mysterious Way)을 써서, 나를 비롯한 많은 사람들이 수많은 절망의 숲을 헤쳐 나가도록 돕지 못했을 것이다.

주 하나님 크신 능력 참 신기하도다.
바다와 폭풍 가운데 주 운행하시네.

참 슬기로운 그 솜씨 다 측량 못하네.
주님 계획한 그 뜻은 다 이뤄지도다.

검은 구름 우리들을 뒤덮을지라도
그 자비하신 은혜로 우리를 지키네.

주의 목적 순간마다 속히 이루도다.

싹은 쓰지만 꽃은 달콤하리라.

어둠에서 소경같이 나 헤맬지라도

주 나를 불쌍히 보사 앞길을 비추리.[11]

이와 같은 글에는 엄격한 자비의 유산이 있다. 단어들이 매우 값지고 귀중하다. 우울증을 겪는 성도 곁에 서서 그가 기쁨을 위해 싸우도록 돕는 모든 사람도 마찬가지다.

윌리엄 쿠퍼는, 힘겨운 싸움을 하며 살다가 1633년에 39세로 죽은, 시인이자 목사인 조지 허버트가 자신에게 남긴 유산에 관해 이렇게 말했다. "그는 내가 즐겨 읽는 유일한 작가였다. 그의 글을 하루 종일 읽었다. 그러나 나는 그의 글에서 내가 발견할 수도 있었던 것—내가 앓고 있는 우울증의 치유법—을 발견하지는 못했으며, 그의 글을 읽고 있는 동안에도 우울증은 호전되는 것 같지 않았다."[12] 허버트의 시 한 편은 이 책을 놀랄 만큼 훌륭하게 요약해 준다. 그 시의 제목은 "쓰고도 달도다"(Bitter-sweet)이다. 이 시를 두 번 읽어 보기 바란다. 한 번은 흐름을 파악하기 위해 읽고, 한 번은 아름다움과 의미를 음미하기 위해 소리 내어 읽으라. 당신이 이 시를 읽고 기쁨을 위한 싸움에서 용기를 얻는다면 허버트도 아주 기뻐할 것이다.

> 나의 사랑하는 노하신 주님
> 당신은 사랑하시나 때리시며
> 주저앉히시나 일으키시나이다.
> 나도 그렇게 하겠나이다.
> 불평하겠으나 찬양할 것이며
> 슬퍼하겠으나 인정하겠나이다.
> 내 모든 새큼달큼한 날 동안
> 애통하며 사랑하겠나이다.[13]

사도 바울이 타락한 고통과 고난의 세상에서 기쁨을 위해 싸운 모든 성도들을 위해 썼듯이, 우리는 "근심하는 자 같으나 항상 기뻐하며"(고후 6:10) 서로 돌보며 살아간다.

| 주 |

1) George Herbert, "Bitter Sweet", 그의 시집 *The Temple* (1633)에서.

머리말

1) Willem Teellinck, *The Path of True Godliness*, trans. Annemie Godbehere, ed. Joel R. Beeke(died 1629; repr. Grand Rapids, Mich: Baker, 2003); Richard Sibbes, *The Bruised Reed* (1630; repr. Edinburgh: Banner of Truth, 1998), 「꺼져가는 심지와 상한 갈대의 회복」(지평서원); William Bridge, *A Lifting Up for the Downcast* (1649; repr. Edinburgh: Banner of Truth, 1979); Jeremiah Burroughs, *The Rare Jewel of Christian Contentment* (1648; repr. Edinburgh: banner of Truth, 1979); John Owen, *Overcoming Sin and Temptation* (Crossway Books, 2006); John Owen, *Communion with God* (1657; repr. Edinburgh: Banner of Truth, 1992), 「성도와 하나님의 교제」(생명의말씀사); Richard Baxter(died 1691), "The Cure of Melancholy and Overmuch Sorrow by Faith and Physic", in *Puritan Sermons 1659-1689*, vol.

3, ed. Samuel Annesley(Wheaton, Ill.: Richard Owen Roberts Publishers, 1981; Walter Marshall, *The Gospel Mystery of Sanctification* (1692; repr. Grand Rapids, Mich.: Reformation Heritage Books, 1999); Henry Scougal, *The Life of God in the Soul of Man* (1739; repr. Ross-shire, Scotland: Christian Focus, 1996), 「인간의 영혼 안에 있는 하나님의 생명」(크리스챤다이제스트); Jonathan Edwards, *The Religious Affections* (1746; repr. Edinburgh: Banner of Truth, 1986), 「조나단 에드워즈 클래식1」(부흥과개혁사); Martyn Lloyd-Jones, *Spiritual Depression: Its Causes and Cures* (Grand Rapids: Eerdmans, 1965), 「영적 침체와 치유」(CLC); Gaius Davies, Genius, *Grief and Grace: A Doctor Looks at Suffering and Success* (Ross-shire, Scotland: Christian Focus, 2001); J. I. Packer, *Faithfulness and Holiness: The Witness of J. C. Ryle* (Wheaton, Ill.: Crossway Books, 2002).

2) Baxter, "The Cure of Melancholy", p. 257.

3) 기쁨과 구원받는 믿음의 관계에 관한 더 상세한 논의는 John Piper, "The Purifying Power of Living by Faith", *Future Grace* (Multonomah Publishers, 1995) 14-16장을 보라. 「존 파이퍼의 장래의 은혜」(좋은씨앗).

4) John Piper, *When I Don't Desire God: How to Fight for Joy* (Crossway Books, 2004), pp. 209-234. 「하나님을 기뻐할 수 없을 때」(한국 IVP)

5) 믿음으로 얻는 칭의 교리에 대한 더 상세한 설명은 John Piper, *Counted Righteous in Christ* (Crossway Books, 2002)을 보라. 「칭의 교리를 사수하라」(부흥과개혁사).

6) 역사적인 웨스트민스터 신앙고백은 믿음만이 우리를 의롭게 하지만 믿음은 결코 단독이 아니며 항상 사랑을 낳는다는 것을 잘 보여준다.

"하나님은 유효하게 부르신 자들을 또한 값없이 의롭게 하시는데, 저희에게 의를 주입하심으로써가 아니라 저희의 죄를 사해 주시고 또한 저희를 의롭다고 여기고 받아주심으로써 그렇게 하시며, 저희에게 이루어진 어떤 일이나 저희가 한 어떤 행위 때문이 아니라 오직 그리스도 때문이며, 믿음 그 자체나 믿는 행위나 다른 어떤 복음적인 순종을 저희의 의로 저희에게 전가하심으로써가 아니라 다만 그리스도의 순종과 성화를 저희에게 전가하시고 저희가 믿음으로 그분을 영접하고 의지하게 하심으로써이니 이 믿음은 저희에게서 난 것이 아니라 하나님의 선물이다"(11.1).

"이와 같이 그리스도를 영접하고 그분과 그분의 의를 의지하는 믿음만이 칭의의 도구지만 믿음은 의롭다 함을 받는 사람 속에 단독으로 있는 것이 아니라 항상 구원의 다른 은혜들과 함께 있으므로 죽은 믿음이 아니라 사랑으로 역사한다"(11.2).

7) John Brown, *John Bunyan: His Life, Times and Work* (The Hulbert Publishing Co., 1928), p. 366. 간접 인용.

8) John Bunyan, *Grace Abounding to the Chief of Sinners* (Evangelical Press, 1978), pp. 55-59. 「죄인 괴수에게 넘치는 은혜」 (규장).

9) 같은 책, pp. 90-91.

1장. 육체적 상태와 침체

1) Richard Baxter, "The Cure of Melancholy and Overmuch Sorrow

by Faith and Physic", in *Puritan Sermon 1689-1989*, vol. 3, ed. Samuel Annesley (Richard Owen Roberts Publishers, 1981), p. 258.

2) 같은 책, p. 286.

3) Lloyd-Jones, *Spiritual Depression*, pp. 18-19.

4) Davies, Genius, *Grief and Grace*, p. 354.

5) David Powlison, "Biological Psychiatry", in *The Journal of Biblical Counseling 17* (Spring 1999), pp. 3-4.

6) 같은 책, p. 6.

7) Edward T. Welch, *Blame It on the Brain? Distinguishing Chemical Imbalances, Brain Disorders, and Disobedience* (Phillipsburg, N.J.: P&R, 1998), p. 126. 「뇌 책임인가? 내 책임인가?」(CLC).

8) Shankar Vedantam, "Against Depression, a Sugar Pill Is Hard to Beat", in *Washington Post* (May 7, 2002): A01.

2장. 무력감과 절망감

1) Paul Gerhardt, "Give to the Winds Thy Fears"(1656), trans. John Wesley (1737).

2) 확신에 관한 성경적이며 균형 잡힌 글을 원한다면 다음을 보라. Donald S. Whitney, *How Can I Be Sure I'm a Christian? What the Bible Says About Assurance of Salvation* (Colorado Spring: NavPress, 1994). 「구원의 확신」(네비게이토).

3) Baxter, "The Cure of Melancholy", pp. 266, 278.

4) 절망에 관해 그리고 힘겹게 싸우고 있는 사람들을 도울 방법에 관해 도움을 주는 글 두 편이 있다. Edward T. Welch, "Counseling Those

Who Are Depressed", and "Words of Hope for Those Who Struggle with Depression", *Journal of Biblical Counseling 18*, no.2 (2000): pp. 5-31; pp. 40-46.
5) Baxter, "The Cure of Melancholy", p. 278.

3장. 기쁨과 감사가 없을 때

1) C. S. Lewis, ed., *George MacDonald: An Anthology* (London: Geoffrey Bles, The Centenary Press, 1946), p. 20.
2) 같은 책, p. 36. 이 인용문을 "The Eloi"라는 설교의 문맥에서 보라.
3) Baxter, "The Cure of Melancholy", p. 282.
4) 같은 책, p. 281.

4장. 고백하지 않은 죄

1) 그리스도인의 삶에서 마귀가 어떤 역할을 하며 예수님이 마귀와 어떻게 싸우셨고 우리가 어떻게 싸워야 하는지를 성경적으로 주의 깊고 지혜롭게 다룬 책을 찾는다면 다음을 보라. David Powlison, *Power Encounters: Reclaiming Spiritual Warfare* (Grand Rapids, Mich.: Baker, 1995). 「성경이 말하는 영적 전쟁」(생명의말씀사).

5장. 자기중심적인 생활

1) Joel Carpenter, "Compassionate Evangelism", *Christianity Today* (December 2003).
2) 개인 전도에 관한 성경적인 도움과 독려에 대해서는 다음을 보라. Will Metzger, *Tell the Truth: The Whole Gospel to the Whole Person by Whole People*, 개정증보판 (Downers Grove, Ill.:

InterVarsity Press, 2002). 「전도학의 대가가 전하는 양보 없는 전도」(생명의말씀사).

3) J. Campbell White, "The Laymen's Missionary Movement", in *Perspectives on the World Christian Movement*, ed. Ralph D. Winter and Steven C. Hawthorne (Pasadena, Calif.: William Carey Library, 1981), p. 222.

6장. 애정 어린 보살핌

1) Richard Baxter, "The Cure of Melancholy", p. 284.
2) 이 자료의 출처가 된 Cowper와 Newton에 관한 자세한 이야기를 알고 싶다면 다음을 보라. John Piper, "'The Clouds Ye So Much Dread Are Big with Mercy': Insanity and Spiritual Songs in the Life of William Cowper", in *The Hidden Smile of God: The Fruit of Affliction in the Lives of John Bunyan, William Cowper, and David Brainerd* (Wheaton, Ill.: Crossway Books, 2001), pp. 81-122. 「고난의 영웅들」(부흥과개혁사). Newton에 관해 좀더 자세히 알고 싶다면 다음을 보라. John Piper, "John Newton: The Tough Roots of His Habitual Tenderness", in *The Roots of Endurance: Invincible Perseverance in the Lives of John Newton, Charles Simeon, and William Wilberforce* (Wheaton, Ill.: Crossway Books, 2002), pp. 41-75. 「인내」(좋은씨앗).
3) Gilbert Thomas, *William Cowper and the Eighteenth Century* (London: Ivor Nicholson and Watson, Ltd., 1935), p. 202.
4) 같은 책, p. 132.
5) 같은 책, p. 192.

6) 같은 책, p. 384.
7) 같은 책, p. 356.
8) 같은 책, pp. 131-132.
9) Davies, Genius, *Grief and Grace*, p. 13.
10) William Cowper, "There Is a Fountain Filled with Blood"(1772), "샘물과 같은 보혈은"(찬송가 258장).
11) William Cowper, "God Moves in a Mysterious Way"(1774), "주 하나님 크신 능력"(통일 찬송가 80장). 4절만 역자가 번역하고, 나머지는 찬송가 가사를 그대로 옮겼다.
12) Davies, Genius, *Grief and Grace*, pp. 103-104.
13) George Herbert, "Bitter-sweet."

옮긴이 전의우는 연세대 철학과와 총신대 신학대학원을 졸업하고 전문 번역가로 활동하고 있다. 역서로는 「안식」, 「이해할 수 없는 하나님 사랑하기」, 「하나님이 복음이다」, 「예수님이 읽으신 성경」(이상 IVP), 「하나님과의 신선한 만남」(요단), 「고귀한 시간 낭비」(이레서원) 등이 있다.

영적 침체를 극복하라

초판 발행_ 2011년 4월 18일
초판 7쇄_ 2023년 5월 25일

지은이_ 존 파이퍼
옮긴이_ 전의우
펴낸이_ 정모세

펴낸곳_ 한국기독학생회출판부
등록번호_ 제2001-000198호(1978.6.1)
주소_ 04031 서울 마포구 동교로 156-10
대표 전화_ (02)337-2257 팩스_ (02)337-2258
영업 전화_ (02)338-2282 팩스_ (02)080-915-1515
홈페이지_ www.ivp.co.kr 이메일_ ivp@ivp.co.kr
ISBN 978-89-328-1448-3
ISBN 978-89-328-0715-7 (세트)

ⓒ 한국기독학생회출판부 2011

책값은 뒤표지에 있습니다.
무단 전재와 복제를 금합니다.